Petrus Ceelen

Bei sich zuhause sein

Gespräche zwischen Himmel und Erde

Petrus Ceelen

Bei sich zuhause sein

Gespräche zwischen Himmel und Erde

kbw bibelwerk

www.bibelwerk.de

ISBN 978-3-460-30245-7

Umschlagbild: Wendeltreppe; photocase.com, Foto: © ondrasch
Umschlag: Finken & Bumiller, Stuttgart
Layout: Olschewski Medien GmbH, Stuttgart
Druck und Bindung: Made in Tschechien

Inhalt

Für alle,
die keinen so schönen Namen tragen wie ich
und Petrus trotzdem mögen

Statt eines Vorwortes: Unterwegs ...

Seit mehr als vierzig Jahren lebe ich in Deutschland, nun zieht es mich zurück in meine Heimat nach Belgien. Ich bin aber kein Belgier, sondern Flame. Flandern, Wallonien und Brüssel bilden das Vaterland, in dem drei Muttersprachen gesprochen werden: Niederländisch, Französisch und Deutsch.

Einigkeit macht stark – *L´union fait la force* – Eenheid maakt macht, lautet die Losung auf dem Staatswappen des tragikomischen Belgien, mit dem wahrlich wahrhaften Werbespruch: *Only in Belgium.* Nur in Belgien sind nachts die Autobahnen beleuchtet, sodass die Astronauten vom Mond das Land zwischen Nordsee und Ardennen ohne Weiteres erblicken können.

Obwohl ich in Belgien geboren und aufgewachsen bin, werde ich dort für einen Fremden gehalten. „Spreekt U Nederlands?“, fragt mich der Schaffner, als er mich auf meinen nicht gültigen Fahrausweis hinweist. Und beim Autostopp sagt mir ein gut gelaunter Landsmann: „Normalerweise nehme ich keine Ausländer mit.“ Mit meinem südländischen Aussehen würde mir das in Italien wohl nicht passieren. Dort bin ich einfach *amigo Pietro.* Und auch für die Spanier ist *Don Pedro* offenbar einer der Ihren. Sie verstehen nicht, dass mir ihre Sprache spanisch vorkommt.

In Israel scheine ich ein richtiger Jude zu sein. Auf offener Straße werde ich in die Synagoge eingeladen. Dort höre ich das Glaubensbekenntnis Israels: „Mein Vater war ein heimatloser Aramäer.“

Auch Araber sprechen mich an: *Salem aleikum.* Und wie oft wurde ich in Stuttgart schon gefragt: *Du türkisch Mann? – Inschallah,* sage ich. So Gott will!

Als ich eine Dame im Zug fragte, ob ich ihren Koffer herunternehmen solle, sagte sie verwundert: „Ach, Sie sprechen Deutsch?!" „Ja", antwortete ich, „aber ich bin kein Deutscher." „Ich weiß", erwiderte sie: „Sie sind Russe." Petruschka also. Da kommt mir das mittelalterliche Wort in den Sinn:

Ich komm – weiß nit, woher. Ich geh – weiß nit, wohin.
Mich wundert's, dass ich fröhlich bin.

Und so gehe ich nach 65 Jahren meinen Weg weiter, ohne zu wissen, wo ich hingehöre. Ich bin immer noch auf der Suche und bin noch längst nicht bei mir angekommen. In allem, was ich tue, suche ich eine Heimat. Ich suche und suche, bis ich eines Tages heimfinde.

Liebe Leserin, lieber Leser, ich weiß nicht, ob du das verstehst. Ich bin zuhause und doch nicht bei mir daheim. Dabei bin ich gerne zuhause. Ich genieße es, daheim zu sitzen, zu lesen, zu schreiben, Kreuzworträtsel zu lösen, meine Frau in meiner Nähe zu wissen. Die Geborgenheit in den eigenen vier Wänden tut mir gut.
Gerade weil ich so viele Obdachlose kenne, weiß ich, wie glücklich ich sein kann, ein Dach über dem Kopf zu haben und ein warmes Bett. Heimkommen ist für mich das Schönste, was es gibt. So war es schon in den Jahren, als ich die Menschen am Rande auf der Straße oder in ihren tristen Unterkünften aufsuchte. Von der Arbeit heimgehen oder nach einer Reise heimkommen, erfüllt mich mit einer tiefen Freude. Vielleicht fahre ich auch nur fort, um mich auf die Heimkunft zu freuen und das beglückende Gefühl des Heimkommens wieder zu erleben. Obwohl ich so gerne zuhause bin, fühle ich mich nirgends richtig daheim. Ich habe immer noch das Gefühl, auf dem Weg nach Hause zu sein.
Unterwegs begegnet mir immer wieder mein Patron Petrus. Ich treffe ihn in der Kirche und auf dem Petersplatz in Rom. Manchmal

läuft er mir mitten auf der Straße über den Weg. Morgens sehe ich ihn im Spiegel: Rundbart, krauses Haar mit Stirnlocke ... Und auch sonst bin ich ihm sehr ähnlich: schwankendes Temperament, umtriebiges Wesen, ein Mensch, der zu Extremen neigt und seine Entscheidungen aus dem Bauch trifft. Ja, ich habe alles, was zum Petrus gehört. Nur: Mir fehlt der Schlüssel.

Oder ist der heimatlose Petrus der Schlüssel zu der Erkenntnis, dass ich ein Wanderer zwischen zwei Welten bin und erst noch ankommen muss?

Liebe Leserin, lieber Leser, sind wir nicht alle auf der Durchreise? Ob Fremdling oder Einheimischer, jeder ist ofw, ohne festen Wohnsitz. Wir mögen eine Eigentumswohnung oder ein Haus besitzen; wir haben hier keine bleibende Stätte. Wir sind Vorübergehende. Wie können wir bei uns zuhause sein, wenn wir unser Leben lang unterwegs sind? Schon vor unserer Geburt, als wir noch im Schoß unserer Mutter waren, hieß es: „Da ist etwas unterwegs." Und als wir dann durch den engen Geburtskanal zur Welt kamen, hatten wir schon eine lange Reise hinter uns. Ist der Geburtsort unsere Heimat? Oder ist Heimat dort, wo wir begraben sein möchten? Oder gehen wir durch das dunkle Tor des Todes heim, wieder dorthin zurück, wo wir hergekommen sind?

Auch im Ruhestand bleiben wir nicht stehen. Stillstand gilt als schlecht, als Rückschritt. Wir möchten weiterkommen, immer weiter. Was ist es, was uns weitertreibt? Ist es das Heimweh nach Heimat, das uns nicht still stehen und immer weiterwandern lässt? Ist unsere Heimat wirklich im Himmel? Wir werden es erst wissen, wenn wir bei Petrus sind. Aber wir können jetzt schon in den Himmel kucken und einen Blick durch das Türschloss wagen. So gerne möchte ich ein Mäuschen sein und sehen, was noch kein Auge geschaut hat.

Auf den vorliegenden Seiten spreche ich zwischendurch immer wieder einmal mit meinem Petrus. Die himmlischen Gespräche durchziehen das Buch wie ein roter Faden. Zwischen Himmel und Erde spricht Petrus, *liebe Leserin, lieber Leser,* auch mit dir. Er erzählt dir von seiner fremden Heimat und verrät nebenbei auch einiges von sich und seiner Familie. Was er dir sagt, das steht auf einem anderen Blatt – und oft auch zwischen den Zeilen.

Lesen

Wo liest du? Ich lese überall, nur nicht so richtig auf dem Stuhl. Ich lese im Sessel, auf dem Boden, in der S-Bahn, auf der Couch, im Zug, im Bett und auch auf dem Örtchen, wo du sitzt und liest, *liebe Leserin, lieber Leser*. Dabei weiß ich nicht, ob du lieb bist. Darum spreche ich dich auf Flämisch an: *Beste lezeres, beste lezer*. Verstehst du? Ihr seid die Besten von allen, weil ihr mein Buch lest.

Ich lese morgens die Zeitung und beginne hinten – bei den Todesanzeigen.

– *Plötzlich und unerwartet* ... Der Tod kommt meist unerwartet. Auch Schwerstkranke sterben oft dann, wenn die Angehörigen es nicht erwarten.

– *Du hast gekämpft, gehofft und doch verloren* ... Der Kämpfer als Versager, dabei war der „Todfeind" unbesiegbar. Aber hat nicht die Liebe gewonnen?

– *Nach langer, tapfer ertragener Krankheit* ... Werde ich auch die Kraft haben? Wird mein Glaube mich tragen?

– *Ich habe gelebt.* Bei einer Todesanzeige sollte es selbstverständlich sein, dass der Verstorbene gelebt hat. Aber heute wird man vielfach gelebt. Es ist schlimm, sterben zu müssen, ohne vorher sein Leben gelebt zu haben.

Die Zeitung hat viele Seiten, ist sehr vielseitig. Hin und wieder gibt es sogar eine gute Nachricht: „Wir freuen uns saumäßig, dass wir Knut haben." Und der Wilhelma-Direktor verkündet: „Gott sei Dank gibt es bei unserem Wilbär nicht solch einen Rummel wie bei Knut." Trotzdem widmet die angesehene Stuttgarter Zeitung dem Eisbär-Star eine ganze Seite. „Erst hat Wilbär sich noch geziert, dann stürzte er doch ins Becken. In diesem Moment klicken sämtliche Kameras der Fotografen." Mehrere Radiosender berichten live und abends bekommen wir den drolligen, tapsigen Wilbär auf allen Kanälen zu sehen. Was hat so ein Eisbär nur an sich, dass er unser Herz erwärmt?

So manche Randnotiz gibt zu denken: „Hirnforscher haben herausgefunden, dass der durchschnittliche IQ seit Ende der Neunzigerjahre um jährlich zwei Punkte pro Jahr sinkt." O Herr, schmeiß Hirn hinab! Wer morgens nicht beten kann, der nehme die Zeitung …

„Wer betet, wer an Gott, an den Himmel und an ein Leben nach dem Tod glaubt, hat im Durchschnitt mehr Kinder als andere. Der gläubige Mensch ist meist auch wirtschaftlich erfolgreicher." Also: mehr Beten, mehr Kinder, mehr Geld. Wer glaubt, wird selig. „Die Berliner Ärztekammer empfiehlt das Abendgebet als hervorragendes Mittel zum Einschlafen." – Gute Nacht.

„Gottesdienst beim Urologen. – In einer Hamburger urologischen Praxis kamen siebzig Patienten zum Gottesdienst und nicht alle waren getauft." Na so etwas.

Im Sportteil erfahre ich, dass Fußballvereine nach einem Urteil des Landgerichts Hannover auch die Hosen der Spieler mit Werbung bedrucken dürfen. „Fußball ohne Tore ist für´n Arsch?!"

Manches muss ich zweimal lesen: „Schönheitswettbewerb für Kamele in Dubai: 5,8 Millionen Preisgeld und 100 Autos." Dagegen gibt es bei uns nur Pokale oder Medaillen für den Dackel oder Pudel, der den Beauty Contest gewinnt … Die Welt ist ungerecht. Das Unrecht schreit zum Himmel.

500 000 Euro spendet die Bundesregierung für die Opfer der Flutkatastrophe, der entlassene Fußballtrainer bekommt 1 Million Abfindung. So manche Meldung schlägt mir morgens auf den Magen. Und wenn ich dann noch lese, was in den Sternen steht. *Wassermann* – LIEBE: Eine unerwartete Begegnung mit einer alten Liebe steht Ihnen bevor. ALLGEMEIN: Sie stehen sich leider selbst oft im Weg.

Mehr noch als in der Zeitung steht in so manchem Gesicht. Ich lese in jedem Menschengesicht seine Geschichte. Gesichter lesen, das ist mein Hobby. Mein eigenes Gesicht kann ich leider oder Gott sei Dank nicht sehen. Sollen anderen lesen, was darin geschrieben steht.

Können wir unsere Biografie lesen? Verstehen wir, was das Leben uns ins Buch geschrieben hat? Es hat nicht nur schöne, sondern auch dunkle Seiten.

Lesen wir unser Leben nicht durch eine schwarze Brille, denn dann sehen wir nicht, dass unser Buch auch viele gute Seiten hat. Und vergessen wir nicht den Titel, den Gott unserem Buch gegeben hat: Gut, dass es dich gibt.

Das Wort *Lesen* kommt von Lateinischen *legere*, Intelligenz von *inter-legere* = dazwischen lesen. Frauen sind intelligenter als Männer, weil sie zwischen den Zeilen zu lesen vermögen. Manche sind so intelligent, dass sie mehr aus einem Text herauslesen, als drin ist. Aber auch Frauen haben es oft schwer, aus einem Schicksalsschlag oder einer Krankheit einen Sinn herauszulesen. Manche können es und das hilft ihnen, ihr Leid anzunehmen.

Das Wort *Lesen* hat zwei Bedeutungen. Sowohl Seiten als Reben möchten sorgsam gelesen werden. Aus Trauben Wein machen. Die Beeren, die Fäulnis, die Sonne des Sommers, die Regentage, der Tau vieler Nächte, der schwere Alkohol, der Schweiß des Winzers, alles wird in einen edlen Tropfen verwandelt. Das Wunder des Weines ist es, aus seiner inneren Kraft heraus das Äußere zu verwandeln in seinen eigenen Geschmack. Und so sind auch wir Menschen mit einer Kraft begabt, die uns von innen her verwandelt, die uns befähigt, selbst aus allem das Beste zu machen.

Verwandlung. Das ist auch das Thema vieler Bücher. Da wird beschrieben, wie Menschen ihre Angst, ihre Trauer, ihr Leid verwandeln. Wie andere die Prüfungen ihres Lebens bestehen, macht uns Mut und hilft uns, unser eigenes Schicksal zu meistern. Lesen als Lebenshilfe. Literatur als Quelle, aus der wir Kraft schöpfen. Manchmal kommt es uns so vor, als seien wir die Einzigen, die dieses oder jenes durchmachen. Da ist es wohltuend, in einem Buch zu erfahren, dass auch andere unsere Not kennen, unseren Schmerz durchleiden. Dadurch fühlen wir uns in unserem Leid nicht mehr so allein und unverstanden. Gut tut auch, wenn jemand ins Wort bringt, was wir nicht sagen können. Durch die Texte anderer kommen wir uns selbst auf die Spur. Wir finden uns in dieser oder jener Geschichte wieder. Die eine Figur im Roman, das bin doch ich. Mitten im Fließtext steht ein Satz, der voll und ganz mich betrifft. Und die Charakterbeschreibung trifft ganz genau auf mich zu. Beim Lesen geht uns manchmal ein Licht auf. Plötzlich leuchtet uns ein, was bis dahin dunkel war. Die Wahrheit tritt aus dem Verborgenen hervor.

Auch im Wein ist Wahrheit. Aber man findet sie nicht gleich im ersten Glas … Es braucht schon ein paar Viertele, um zu erkennen, wie wahr das Wort von Georg Christian Lichtenberg ist: „Ein Buch ist ein Spiegel. Wenn ein Affe hineinguckt, so kann freilich kein Apostel heraussehen.“ Manchmal kommen wir nicht vom Spiegel weg und lesen uns in einem Buch fest. Wir können es nicht aus der Hand legen. Wir vergessen die Welt um uns. Nicht nur Krimis rauben uns der Schlaf. Bisweilen lassen wir alle Bücher liegen, weil wir im Buch des Lebens lesen. Wir sind verliebt, könnten die Sterne vom Himmel pflücken. In den Augen des geliebten Menschen lesen wir unser eigenes Glück. Und dann trifft uns aus heiterem Himmel ein Unglück und wir müssen lernen, das Leid langsam durchzubuchstabieren.

In meinem Alter lese ich mein Buch rückwärts. Das Leben lässt sich nur im Rückblick verstehen. Im Nachhinein erkenne ich erst, wozu manches gut war. Und wie viel ich bekommen, umsonst geschenkt bekommen habe. Ich habe das Gefühl, dass ich geführt worden bin und eine unsichtbare Hand mich beschützt hat. Jetzt

erst sehe ich, wie schön vieles war. Unvergesslich. Und wie oft habe ich mir unnötige Sorgen gemacht! Wenn ich in meinem Buch zurückblättere, kommen mir manche Erlebnisse wieder in den Sinn. Als Kind war mein Lebensbuch noch voll leerer Seiten. Jetzt ist nur noch das Ende offen. Wie werden wir unser Buch beenden? Wird es plötzlich zugeschlagen werden? Ein Herzschlag? Ein Schlaganfall? Ein Schicksalsschlag? Oder werden wir langsam zusammenschrumpfen und immer kleiner werden? Zu guter Letzt sind wir wieder Babys. Wir liegen in Windeln, trinken aus der Schnabeltasse. Da vergeht uns die Lust an den Lettern.
Und wenn dann unsere zwei Buchdeckel zugeklappt werden und wir unter dem Sargdeckel liegen, lesen andere unsere Todesanzeige. „Ich bereue nichts." – „Ich weiß, dass mein Erlöser lebt." – „Ich habe es nicht ganz verstanden."

Beste lezeres, beste lezer. Was liest du? Welches deiner vielen Bücher würdest du auf eine einsame Insel mitnehmen? Das Buch der Bücher? Dein Lieblingsbuch? Ich würde ein Herkunftswörterbuch mitnehmen, damit ich den Wortschatz entdecke, der in jedem Wort enthalten ist. Worte sind mehr als Wörter. Worte sprechen. Worte sind Wegweiser. Sie weisen uns den Weg und sagen, woher wir kommen. Im Anfang war das Wort. Das Wort war bei Gott. Das Wort war Gott. Und meine Antwort ist mein Leben, mein Buch.

Schreiben

„Schreiben heißt: sich selber lesen“, sagt Max Frisch. Dann lese ich mich schon mein halbes Leben lang. Ich werde einfach nicht schlau aus mir. Jedes Mal denke ich: Das ist mein letztes Buch, mein allerletztes, aber dann setze ich doch wieder ein Kind in die Welt. Ohne es zu wollen, bin ich schwanger. „So ebbes ist schnell passiert“, sagen die Schwaben. Während der Schwangerschaft ernähre ich mich äußerst gesund: Belgische Schokolade und Pralinen, Pommes mit Mayo und dazu mein rotbraunes Petrus-Bier, in Eichenfässern gereift. Rund fünf Monate später ist der kleine Petrus reif für die Geburt.

Mein erstes Kind kam 1978 auf dem Hohenasperg, dem schwäbischen Tränenberg, zur Welt: *Hinter Gittern beten*. In diesem Bändchen spreche ich Sorgen und Nöte der Insassen offen vor Gott aus und bringe auch die eigene Not als Gefangenenseelsorger ehrlich zur Sprache. In der Knastkirche habe ich gelernt, frei zu sprechen, frei aus dem Herzen. Da kannst du keine Predigt vom Blatt ablesen, keine Gebete aufsagen. Die kirchliche Sprache ist für „Knackis“ eine Fremdsprache. Gnade, Erbarmen, Versöhnung, Liebe sind im Gefängnis Fremdwörter. In meinen Knast-Texten finden sich immer noch viele Gefangene wieder. Manche glauben, dass ich selbst gesessen bin … Ein schönes Kompliment.

Offenbar ist es möglich, sich fremdes Leid anzueignen und in Worte zu fassen. Aber es gibt Grenzen. Die Schmerzgrenze ist oft auch die Sprachgrenze. Da lassen sich Gefühle und Gedanken nicht mehr in Worte ausdrücken. Was besagt *Kindesmissbrauch* von dem unsäglichen Leid, das sich hinter diesem Wort verbirgt?! Das Wort *Drogenmissbrauch* ist nichtssagend angesichts des unbeschreiblichen Elends der Männer und Frauen, die an der Nadel hängen.

Ich schreibe, wie ich spreche – ohne Schnörkel, ohne Floskeln. Ich möchte nichts schönreden. Ich mag kein salbungsvolles Geseire, keine Wohlfühlworte, keine Wellnesstheologie, welche die Härten des Lebens weich spült. Das Leid lässt sich nicht wegtheologisieren. Der Glaube hat einen Haken: Er hängt am Kreuz. Dass der Vater im Himmel seinen eigenen Sohn hat hängen lassen und nicht eingreift, ist nicht zu begreifen. Die Unbegreiflichkeit Gottes belastet jeden Gläubigen. Diese Last schreibe ich mir von der Seele mit Leidensgeschichten, aus dem *Leben gegriffen*, wie eines meiner Kinder hieß. Meine Kinder zeigen mir, wie sehr ich mich verändert habe. Vieles würde ich heute nicht mehr oder so nicht mehr schreiben. Über manches kann ich nur noch den Kopf schütteln. Und das wurde dann auch noch gedruckt! Lesen wir noch einmal unsere alten Liebesbriefe, wenn wir sie denn noch haben. Nicht zu glauben, was wir unserem Schatz einst alles schriftlich gegeben haben. Mit der Zeit haben wir uns verändert. Wir können nicht zweimal in denselben Fluss steigen, sagte schon Heraklit.

Ein Buch ist kein Brief. Ein Buch schreibe ich zuerst für mich. Was ich sagen will, sage ich zuerst mir selbst. Schreibend komme ich mit mir ins Gespräch.

Alles, was ich tue, ist subjektiv. Wenn ein Maler das Meer malt, ist das ein Selbstporträt. Niemand kann von sich selbst Abstand nehmen. Aber warum denn sich selbst anderen mitteilen? Warum das, was aus der Seele ausbrechen will, nicht für sich behalten? Warum kein Tagebuch für sich schreiben? Warum sein Inneres nach außen tragen? Und warum dann noch das eigene Leben öffentlich machen? Was soll dieser Exhibitionismus? Leser sind doch keine Voyeure. Offenbar aber gefällt Unzähligen diese Rolle, wie die vielen Memoiren zeigen. Wer seine eigene Geschichte schreibt, schreibt damit wohl auch gegen die Angst an, in Vergessenheit zu geraten. Schreibe ich nicht auch gegen meine eigene Bedeutungslosigkeit an, damit etwas von mir übrig bleibt? Sind letztlich nicht alle Bücher

dem törichten Versuch zuzuschreiben, sich unsterblich zu machen, sich selbst zu überleben?
Schreibe ich, um mich zu therapieren? Dann müsste ich schon längst geheilt sein. Oder ich bin unheilbar krank. Ist es die krankhafte Sucht nach Anerkennung und Bestätigung, die mich schreibsüchtig macht? Ich weiß es nicht, aber mir tut es gut, wenn andere lesen, was ich schreibe. Und wenn dann noch eine Dame mir sagt: „Ihr Buch liegt bei mir auf dem Nachttisch. Jeden Abend schlafe ich mit Ihnen ein." Ich werde nachts oft aus dem Schlaf geweckt durch den Text, den ich gerade schreibe. Dann schleiche ich mich aus dem Bett, lasse meine Gemahlin links liegen und wende mich dir zu, *geliebte Leserin*. Manchmal erwischt mich meine Frau und dann, nein, das sage ich lieber nicht. Tatsache ist, dass ich oft vor meinem „Altar" sitze und das macht meine Madame ziemlich eifersüchtig. Dabei suche ich doch nur mit Eifer das rechte Wort, die richtige Überschrift, den passenden Schluss. Und wenn ich dann das Gesuchte gefunden habe, fühle ich mich glücklich. Und oft finde ich etwas, ohne danach zu suchen. Auch im Leben finden wir durch Suchen meist nicht, was wir suchen. Vieles fällt uns zu, ohne unser Zutun. Umso größer das Glücksgefühl.
Sein „Neugeborenes" in Händen zu halten, macht den „Urheber" besonders glücklich. Aus einer Idee ist etwas Handfestes geworden. Worüber er nachgedacht, was in ihm gearbeitet hat, ist in seinem Werk nachzulesen.
Mir ist bewusst, dass meine Werke nicht viel bewirken. Und dennoch wundere ich mich manchmal, was Worte bewirken können. Da schreibt eine Frau, dass ein Satz in meinem Buch sie vom Suizid abgehalten hat. Kaum zu glauben, dass ein paar Worte einem Menschen das Leben retten können. Worte wirken oft weiter, als wir annehmen. Ein Satz kann ein Segen sein. Ein Wort kann heilen.
Seit dreißig Jahren schreibe ich, oft in der „kleinen Form". In knappen Texten verdichte ich, was mir auffällt, bringe zum Ausdruck,

was mir einfällt. Oder ich spinne weiter, was andere geschrieben haben. Warum spinne ich und schreibe immer noch weiter? Weil ich es nicht lassen kann.

Liebe Leserin, lieber Leser, hast du dich nicht auch schon einmal gefragt, warum du nicht lassen kannst, was du tust? Wir meinen, alles begründen zu müssen. Unser Tun und Lassen ist aber oft unergründlich, doch nicht ohne Grund. Alles, was wir tun, hat mit uns zu tun.

Ich schreibe viel, aber nicht schnell. Ich kann einen Text nicht geschwind niederschreiben. Ich ändere das Geschriebene ständig. Oft kehre ich am Ende wieder zur ersten Formulierung zurück. Die meisten Leser haben keine Ahnung, wie viel Arbeit hinter den Worten steckt. Und darum mag ich es nicht, wenn jemand mein Werk an einem Stück durchliest. Zum Glück sehe ich auch nicht, wie schnell der Querleser mein Buch beiseitelegt.

Schreiben ist auch nicht mehr das, was es einmal war. Früher wurde alles mit der Hand geschrieben, dann mit der Schreibmaschine: *Tacktacktack*. Das waren noch Zeiten! *Tacktacktack, tippex, tacktacktack, tippex*. Inzwischen genügt ein Klick und das Manuskript ist beim Lektor. Und schon ein paar Wochen später hält die Leserin das Buch in Händen, legt es auf den Nachttisch und schläft ein.

Manchmal ist es leichter, ein Buch zu schreiben, als ein Blatt zu füllen. Das gilt nicht nur für das Verfassen des eigenen Nachrufs. Seine Patientenverfügung zu schreiben, ist auch ein hartes Stück Arbeit. Viele schaffen es nicht einmal, das vorgedruckte Formular zu unterschreiben.

Manche brauchen Jahre, wenn nicht Jahrzehnte, bis sie ihr Testament auf Papier gebracht haben. Später einmal, nächstes Jahr vielleicht, aber jetzt doch noch nicht. Ist auch schwer, sein eigenes „Todesurteil“ zu unterschreiben. „Im Falle meines Ablebens …“ Ich kenne keinen Fall, bei dem der Fall nicht eingetreten ist. Aber es

gibt viele Fälle, in denen der Verstorbene seinen Letzten Willen schriftlich nicht niedergelegt hat, weil er an das Letzte noch nicht denken wollte.
Wir schieben gerne alles auf die lange Bank, aber manches lässt sich auf Dauer nicht aufschieben. Schreiben wir es rechtzeitig, zur rechten Zeit. Heute!
Auch heute habe ich erwartungsvoll in den Briefkasten geschaut. Es wird Zeit, dass ich wieder schreibe. Ein handgeschriebener Brief kann so viel Freude bereiten. Auf einer Seite lässt sich so vieles sagen. In einigen wenigen Zeilen können wir anderen eine Menge mitteilen, mit ihnen teilen. Ein paar persönliche Sätze drücken viel mehr Mitgefühl, Anteilnahme aus als die vorgedruckte Trauerkarte. Trauen wir uns, unsere Gefühle und Gedanken in eigene Worte zu fassen!
Auch wenn wir nicht schriftstellerisch tätig sind, so schreiben wir doch alle an unserem Buch, jeden Tag eine Seite. Jedes Blatt in unserem Buch hat zwei Seiten. Die eine Seite schreiben wir, die andere füllt die Vorsehung. Oder ist es das Schicksal oder der Zufall? Wie auch immer. Es ist gut, dass wir das Blatt immer wieder wenden und neu anfangen können.

Mensch, Petrus!

Petrus, du konntest weder lesen noch schreiben. Aber was ist über dich nicht alles schon geschrieben worden! Du füllst ganze Bibliotheken. Dir wird das Papsttum zugeschrieben. Und das ist eine unendliche Geschichte, auch eine Kriminalgeschichte. Einige Päpste haben ihre Gegner umbringen lassen oder wurden selbst ermordet, etwa durch Gift. Andere wurden zum Rücktritt gezwungen oder in den Tod getrieben. So mancher Fall ist immer noch ungelöst. Und in jedem Fall führt die Spur zu dem Fischer vom See Gennesaret … Die Päpste tragen zwar den Fischerring, aber in ihrem fürstlichen Gewand mit Pallium sehen sie nicht gerade wie Seeleute aus. Aber alle berufen sie sich auf dich: Du bist Petrus, der Fels. Über deinem Grab im Petersdom steht der Heilige Stuhl Petri, die Cathedra mit den gekreuzten Schlüsseln, das Symbol der päpstlichen Autorität.

Nicht nur in Rom bist du allgegenwärtig. Keine Kirche, keine Kapelle, keine Kathedrale ohne dich, Petrus, den Mann mit dem Schlüssel. Manchmal hältst du zwei Schlüssel in der Hand: einen silbernen zu lösen und einen goldenen zu binden. Schlosser, Schließer, Gefängnisaufseher, Sicherheitskräfte, Schmiede, Eisenhändler, Uhrmacher, Maurer, Steinhauer, Töpfer, Fischer, Fischhändler, Schiffer … alle haben Petrus zum Patron. Sogar die Jungfrauen sollst du beschützen, obwohl du verheiratet warst. Dein Beistand wird angerufen gegen Besessenheit, Fieber, Fußleiden, Tollwut, Kinderlähmung, Schlangenbiss und gegen Diebe. Und nebenbei sollst du natürlich noch für schönes Wetter sorgen und die Sonne zur rechten Zeit am richtigen Ort scheinen lassen. Und dann bist du auch noch Türsteher am Himmel und prüfst die Eintritts-

karten. Du hast alle Hände voll zu tun. Als Apostelfürst bist du auch die Nr. 1 im Heiligenkabinett. Höher als du steht keiner.
Petrus, du magst noch so hoch erhaben sein; du stehst mir nahe. Bei dir kann ich mich anlehnen und brauche mich nicht zu schämen. Der heilige Petrus bist du auch erst nachher geworden. Vorher warst du ein ganz gewöhnlicher Mensch, in vielem aber überdurchschnittlich. Du wolltest alles ganz gut machen und gerade dadurch hast du dich selbst immer wieder überfordert. Übermütig wolltest du auf dem Wasser zu Jesus gehen. Als du dann aber aus dem Boot sprangst und die hohen Wellen sahst, bekamst du Angst und begannst im Wasser zu versinken (Mt 14,22-31).
Petrus, mit deiner Selbstüberschätzung bist du dir selbst manchmal im Wege gestanden. Du bist unter vollen Segeln gefahren und hast mit deinem stürmischen Temperament die anderen mitgerissen. Mit deinen voreiligen Versprechungen hast du den Mund oft zu voll genommen. Ein sympathisches Großmaul, das man auch in seinen tragischen Momenten noch mögen muss. Als Jesus auf dem Weg nach Jerusalem ganz offen von seinem bevorstehenden Leiden und Sterben sprach, hast du heftig protestiert. „Das darf nicht geschehen!" Daraufhin hat der Herr dich ganz schroff angefahren: „Geh mir aus den Augen, du Satan. Geh weg! Du willst mich von meinem Weg abbringen! Was du im Sinn hast, entspricht nicht Gottes Willen, sondern menschlichen Wünschen" (Mt 16,21-23).
Unterwegs zum Ölberg hast du beteuert: „Wenn alle anderen dich im Stich lassen, ich nicht. Eher sterbe ich!" Und was war? Kläglich hast du deinen Herrn mit seiner Todesangst allein gelassen. Wasser und Blut hat er geschwitzt. Statt mit ihm zu wachen und zu beten, hast auch du wie alle anderen geschlafen. Du warst ja so müde. Und als Jesus dann festgenommen wurde, hast du mit dem Schwert dem Malchus das rechte Ohr abgehauen. Du Haudegen! Hast du denn wirklich geglaubt, Jesus dadurch retten zu können? Aber immerhin warst du bereit, für deinen Herrn zu kämpfen und dein Leben für

ihn einzusetzen. Doch dann hat die Angst dich gepackt und du bist nach der Verhaftung Jesu wie alle anderen fortgelaufen. Ich weiß nicht, wohin, aber nach einigen Stunden hat es dich aber doch wieder zu Jesus hingezogen. Im Palast des Hohenpriesters wurdest du als Jünger Jesu erkannt. Deine Sprache hatte dich verraten. Du hast geflucht und geschworen, dass du Jesus überhaupt nicht kennst. Dreimal hast du geleugnet, Jesus zu kennen. Und als der Hahn dann krähte, hast du ganz bitterlich geweint. Du warst fassungslos, konntest selbst nicht fassen, dass du aus lauter Angst derart versagt hattest. Mensch, Petrus!

Petrus, du weißt selbst, dass du für das Leitungsamt der Kirche denkbar ungeeignet warst. Der zuschlagende Petrus. Der zweifelnde Petrus. Der leugnende Petrus. Der sinkende Petrus. So vieles sprach dagegen, dass Jesus seine Kirche ausgerechnet auf dich baut. Aber die Liebe spricht offenbar eine andere Sprache als die Vernunft. „Petrus, liebst du mich?“ Dass Jesus dich das dreimal gefragt hat, muss dir sehr wehgetan haben. „Du weißt doch, Herr, dass ich dich liebe.“

Warum hat Jesus dir dreimal diese Frage gestellt: Liebst du mich? Weil du ihn dreimal verleugnet hattest? Weil er wusste, wie leicht dir großsprecherische Erklärungen von den Lippen gingen?

Warum auch immer. Petrus, ich bin so froh, dass Jesus dir die Schlüssel des Himmelreiches gegeben hat. Er hat gewusst, dass sie bei dir in guten Händen sind. Du hast in die Abgründe des Herzens geschaut. Du weißt aus eigener Erfahrung, wozu wir Menschen fähig sind. Es ist tröstlich, dass Jesus dir seine Schafe anvertraut hat, auch die schwarzen Schafe.

Du weißt, dass ich kein braves Lamm, kein Kirchgänger bin. Trotzdem hoffe ich, dass du auch bei einem verirrten Schaf ein Auge zudrückst und mich mit dem Arm um die Schulter zur offenen Tür führst. Mensch, Petrus!

Auch Päpste sind Menschen

Petrus, böse Zungen behaupten, dass Jesus dir den Beinamen *Kephas*, Fels, wegen deines breiten Schädels gegeben hat. Dein Dickschädel soll wie ein Steinfels geglänzt haben! Im Gegensatz zu dir hatte Paulus einen länglichen Kopf und einen spitzen Bart, während dein Rundbart und deine schöne Stirnlocke wohl von deiner Glatze ablenken sollten. Oder wolltest du mit deinem Bart dein Gesicht verbergen?

Sein Gesicht kann man sich nicht aussuchen, ebenso wenig wie seinen Namen. Aber die Päpste wählen einen eigenen Namen: Clemens, Eugenius, Julius, Gregorius, Johannes, Innocentius, Pius, Johannes Paul, Benedictus …

Wie der Papst auch heißen mag, sein Rufname bleibt wichtig. Das zeigt der alte Brauch, um den Tod des Pontifex festzustellen. Der Camerlengo tritt in das Zimmer des Papstes, klopft vorsichtig mit einem elfenbeinernen Hämmerchen auf das Vorhaupt des Heiligen Vaters, nennt ihn bei seinem Taufnamen und fragt, ob er schläft. Wenn der Papst auch beim dritten Mal keine Antwort gibt, wird er für tot erklärt.

Ein Papst kann auch zurücktreten. Cölestin V. dankte nach nur fünf Monaten ab und erklärte vor den versammelten Kardinälen: „In Erkenntnis meiner Unfähigkeit und Schwäche, in Anbetracht der Bosheit der Menschen und auch aus mangelndem Wissen über die Lehre der Kirche entsage ich freiwillig dem höchsten Pontifikat." Dann stieg der 85-Jährige vom Thron, legte Tiara, Mantel und Ring ab und zog wieder die graue Eremitenkutte an, die er bis zu seiner Papstwahl 1294 getragen hatte. Cölestin V. ist mein Lieblingspapst. Der himmlische Papst hieß ja auch Petrus mit seinem Vornamen.

Ja, Petrus, so gerne möchte ich von dir wissen, was du über deine Nachfolger denkst. Was geht dir durch den Kopf, wenn du den Diener der Diener Gottes in weißer Naturseide durch den Petersdom schreiten siehst und dem Papst bei seinen Audienzen zuhörst? Wie findest du es, dass ein Mensch sich Heiliger Vater nennen lässst? Weil du alles aus einer höheren Warte betrachtest, kannst du über vieles wohl nur lächeln.

264 Päpste hat es bis heute gegeben; kein Einziger ist vom Himmel gefallen. Wie oft wurde schamlos, würdelos und endlos um deine Nachfolge geschachert! Es gibt schon zu denken, dass das Papsttum bis heute überlebt hat. Ist das dem Heiligen Geist zu verdanken? Oder hast du, Petrus, deine Finger im Spiel? Dann verstehe ich nicht, dass nicht längst schon ein Südamerikaner auf deinem Stuhl sitzt. Mensch, Petrus! In Lateinamerika gibt es auch noch Kardinäle, die mit öffentlichen Verkehrsmitteln fahren und sich nicht fürchten, für die Armen Partei zu ergreifen. Und warum nicht ein Afrikaner? Mein Gott, warum war Jesus kein Schwarzer?

Und, mein lieber Petrus, wieso keine Frau als Papst? Einmal soll uns der Himmel eine Päpstin geschickt haben: Johanna, als Mann verkleidet. Stimmt es, dass sie beim Reiten einen Sohn geboren hat? Auf jeden Fall werde ich es wohl nicht mehr erleben, dass Petra I. auf dem Stuhl Petri sitzt. Dabei hat der lächelnde Papst Johannes Paul I. Gott als „Mutter, die ihr Kind nicht vergisst", bezeichnet. Vielleicht hat er deshalb nur 33 Tage gelebt.

Johannes Paul I. wurde „der lächelnde Papst" genannt, Johannes XXIII. „der gute Papst". Nach seiner Wahl kam es zu einer Kleiderpanne. Wegen seiner Leibesfülle sah der neue Pontifex in seinem viel zu engen Gewand wie eine „Knackwurst" aus. So musste das päpstliche Gewand hinten einfach aufgetrennt und mit Sicherheitsnadeln befestigt werden, damit der neue „Papa" sich auf der mittleren Loggia des Petersdomes dem Publikum zeigen konnte. Diese

„Konstruktion“ soll den ersten Segen des zu dicken Papstes ziemlich erschwert haben … Gleich nach Dienstantritt hat der gute Papa das Gehalt der päpstlichen Sesselträger mit der Begründung erhöht, er wiege viel mehr als sein magerer Vorgänger Pius XII. „Das Papsttum hat an Gewicht zugenommen.“
Du, Petrus, hättest dich sicher gut mit dem Bauernsohn aus Bergamo verstanden. Er hatte Sinn für Humor. „Jeder kann Papst werden. Der beste Beweis dafür bin ich.“ Das hättest du, Felsgewordener, wohl auch sagen können! Johannes XXIII. konnte es nicht ertragen, dass die Kardinäle sich ihm auf den Knien näherten und ihm erst die Füße und dann die Hände küssten, bevor sie ihn umarmten. Da schaffte er den Fußkuss kurzerhand ab. Als er nach seiner Papstwahl von einem Heer Pressefotografen belagert wurde, seufzte er: „Der liebe Gott weiß seit 78 Jahren, dass ich Papst werden würde. Da hätte er mich in all den Jahren doch ein wenig fotogener machen können.“
Petrus, von dir gibt es keine Fotos. Aber auf vielen Gemälden wirst du als eine sehr kräftige, robuste Person dargestellt. In den Evangelien wirst du als ein Mann mit Ecken und Kanten geschildert, eine impulsive Persönlichkeit, voller Tatendrang. Im Vergleich zu dir waren deine Nachfolger oft sehr blasse Figuren, umgeben mit einer fast übernatürlichen Aura. Dass ein Papst schwimmt, Ski fährt oder Berge besteigt, ist schon fast eine Sensation. Und dass der Heilige Vater nach seiner Wahl sogar den Ordensfrauen Champagner servieren lässt, können manche nicht glauben.
Auch Päpste haben eine Schwäche für Tiere. Der Asket Pius XII. hielt sich Kanarienvögel in einem goldenen Käfig und Pius IX. ritt auf dem Rücken eines weißen Maultiers in den Vatikanischen Gärten. Aber der Esel des Papstes ist auch nur ein Esel. Und Päpste sind auch nur Menschen. Sie haben Fehler, Gebrechen, bekommen Krebs und können dement werden. Auch Päpste tragen Pampers, erleiden den Todeskampf.

Und wenn sie dann das Zeitliche gesegnet haben, klopfen sie mit ihrem Stab bei dir an der Himmelstür an: „Hier ist der soundsovielte Nachfolger des heiligen Petrus!“ – „Den kenne ich nicht“ – höre ich dich sagen. „Hier ist jeder gleich. Ob Papst oder Paparazzi, Katholik oder Kommunist. Mensch ist Mensch.“

Mit den Füßen

Petrus, ich bin in meinem Leben nicht viel gereist. Aber in Israel war ich, in Jerusalem, in Betlehem, Nazaret, auch in Kafarnaum, wo du gewohnt hast. Es hat mich tief berührt, in den Fußstapfen Jesu durch Galiläa zu laufen, seinen Wegen nachzugehen, auf dem Berg der Seligpreisungen zu stehen. Auch du, Petrus, hast im Heiligen Land reichlich Spuren hinterlassen. Rund um den See Gennesaret isst alles Petrus-Fisch! Am See hat Jesus dich berufen: „Komm her!" Sogleich hast du alles stehen und fallen lassen und bist ihm gefolgt. Nachfolge radikal.

Du warst Jesu wichtigster Weggefährte und bist mit ihm durch das frische, grüne Galiläa gezogen, hast mit ihm unter freiem Himmel genächtigt. Unentwegt bist du ihm zur Seite gestanden. Auch in der Todesnacht warst du in seiner Nähe, nur einen Steinwurf von Jesus entfernt. Aber als es dir dann nach seiner Verhaftung im Hof des Hohenpriesters zu heiß wurde, hast du dich davongemacht. Erst als der Hahn das dritte Mal gekräht hat, bist du wieder zu dir gekommen.

Wie viele Wege bist du mit Jesus gegangen! Zu Fuß. Rund zweihundert Kilometer sollen es gewesen sein. Dafür brauchen manche heute nur eine Stunde mit dem Auto, und mit dem Zug geht es noch viel schneller. Bei Tempo 300 kannst du im TGV, dem Train à grande vitesse, zügig Französisch lernen. Auch im ICE kannst du gemütlich die Espresso-Bibel lesen. In 60 Minuten hast du das Alte und Neue Testament durch, von der Schöpfung bis zur Offenbarung. Pas de problème. Auch nicht für Päpste. Einige waren eine Zeit lang in Avignon zuhause. In Frankreich lebten sie wie am Hof auf großem Fuß.

Zu deiner Zeit, Petrus, waren die Füße fast das einzige Fortbewegungsmittel. Inzwischen brauchen wir unsere Füße kaum noch, um voranzukommen. Höchstens, um Gas zu geben. Unsere Füße, unsere untersten Glieder, werden oft unterbewertet. Fußpflege gilt nicht viel. Und im Orient war Fußwaschung Sklavendienst. Ich stelle mir vor, wie du dich entrüstest, als Jesus sich im Abendmahlsaal die Schürze umbindet, um dir die Füße zu waschen. Da sehe ich, wie du hochfährst: „Niemals sollst du mir die Füße waschen!" (Joh 13,6-10).

Eure Füße müssen oft sehr schmutzig gewesen sein, denn die Straßen waren sehr staubig. Aus dem Fischer Petrus in verstaubten Sandalen ist ein fescher Papst in schicken Prada-Schuhen geworden. Ich sehe rot, hellrot, bordeauxrot … Kleider machen Leute. Eine Modedesignerin kümmert sich um das Outfit des Papstes. Papa mia! Ja, mein lieber Petrus, das Schuhwerk deiner Nachfolger ist ein Kapitel für sich. Papst Johannes Paul II. hatte Schuhgröße 44 und einen leichten Hohlfuß. Auch wegen der Schwielen an den Füßen brauchte er orthopädische Einlagen. Für den polnischen Papst war der Stuhl Petri das Flugzeug. Der „eilige Vater" hastete mit Stippvisiten von einem Ort zum nächsten, bis in die entlegensten Regionen der Erde. Auf der letzten Strecke seines Lebens hat er es dann gar nicht eilig gehabt. Ganz langsam ist er seinen Weg zu Ende gegangen, zitternd, röchelnd zum Vater gegangen. Er dachte nicht daran, abzutreten. Vielmehr wollte er so lange bleiben, bis derjenige, der ihn auf den Stuhl Petri gesetzt hat, abholen kommt. Auch meinte Johannes Paul II., im ewigen Leben habe er noch mehr als Zeit genug zum Ausruhen …

Petrus, ich möchte nicht in den Schuhen des Papstes stecken – und seien sie noch so schön. Jeder deiner Nachfolger weiß, wie schwer es ist, in deine Fußstapfen zu treten.

Als Menschenfischer bist du nach dem Tod Jesu von Jerusalem nach Antiochia gegangen. In der „Krone des Orients" hast du in einer schummerigen Grotte die ersten Gottesdienste abgehalten. Später führte dein Weg dann nach Rom. Nach dem Großfeuer 64 n. Chr. drohte dir dort die Todesstrafe. Den „Petrusakten" zufolge bist du auf dem Weg aus der Stadt Jesus begegnet. „Quo vadis? Wohin gehst du?", hast du ihn gefragt. „Nach Rom, um mich ein zweites Mal kreuzigen zu lassen", hat er dir geantwortet. Daraufhin bist du umgekehrt. In Zirkus des Nero sollst du mit dem Kopf nach unten am Kreuz hingerichtet worden sein, weil du dich angeblich für unwürdig hieltst, aufrecht wie dein Meister zu sterben.

Nachfolge radikal. Radikal hast du die Sache Jesu bei der Wurzel genommen. Petrus, du hast uns gezeigt: Nachfolge beginnt mit den Füßen und endet mit den Haxen im Himmel.

Eine krumme Tour

Eigentlich hätte ich Marie Louise oder Marie Therèse heißen sollen. Denn meine Mutter wollte nicht schon wieder einen Jungen haben. Sie war erst 41 Jahre, als sie mich gebar. Fast vier Jahre später brachte sie meinen Bruder Henri zur Welt. Heute wird „alten“ Frauen dringend abgeraten, noch ein Kind in die Welt zu setzen. Das sei unverantwortlich. Im Krieg gab es keine Schwangerschaftsuntersuchungen. Und wenn es damals die Pille gegeben hätte, weiß ich nicht, ob ich jemals das Licht dieser Welt erblickt hätte. Und Abtreibung? Ach Junge, an so etwas durften wir damals nicht einmal denken, höre ich meine Mutter sagen.

Meine Mutter wollte, dass ich Paul heiße. So machte sich mein Vater mit dem Fahrrad auf den Weg zum Rathaus, um meine Geburt eintragen zu lassen. Zuvor ging er aber mit unserem Nachbarn Jan noch ein Pintje auf seinen dritten Sohn trinken. In unserer Straße, der Lepelstraat, gab es nicht weniger als achtzehn Wirtschaften … Nach der Kneipentour muss mein Vater dann auf dem Rathaus die Apostel Petrus und Paulus wohl verwechselt haben, denn er gab an, sein Sohn soll Petrus heißen. „Ein schöner Name“, sagte der Standesbeamte und auch Jan war voll dafür. Ferner bekam ich die Namen Henricus, Mathieu. Von Paul keine Spur. Vielleicht war meinem Papa der Name Paul auch zu gering, denn Paulus bedeutet der Kleine.

Bei seiner Heimkehr behielt mein Vater alles, was da geschehen war, in seinem Herzen. So hatte meine Mutter keine Ahnung, wie ich wirklich hieß. Ein Jahr später entdeckte sie im Familienstammbuch meinen wahren Namen. Da las sie meinem Vater die Leviten, doch nüchtern sagte dieser zu allem Ja und Amen. Meine

Mutter war ratlos und begab sich auf das Rathaus. Dort flehte sie den Standesbeamten an, aus dem Petrus einen Paul zu machen. Doch eher wird aus einem Saulus ein Paulus. Es blieb also bei Petrus, aber meine Familie nannte mich weiterhin Paul.
Als Kind hatte ich lange Locken, sodass die Namen Marie Louise oder Marie Therèse mir gut gestanden hätten. Ich war aber kein Mädchen, sondern ein Junge namens Paul, der Petrus hieß. Beide waren identisch, aber meine Identitätskarte kannte nur Petrus. Immer den falschen Namen mit mir herumzutragen, war mir auf Dauer unerträglich. Da nahm ich eines Tages meinen Ausweis und schrieb über den Namen Petrus „genannt Paul". Damit bekam ich bei der Polizei große Schwierigkeiten, denn man darf seinen Personalausweis nicht eigenhändig abändern. Ich erhielt einen neuen mit dem alten Namen. Erst recht wurde es schwierig, als sich beim Abitur herausstellte, dass ich gar nicht Paul Ceelen bin. Ich musste auf allen Prüfungsarbeiten meinen Namen Paul durchstreichen und Petrus darüber schreiben.
Als ich zum Studium nach Deutschland ging, gab ich meinen richtigen Namen an, denn ich wusste, dass die Deutschen immer alles ganz genau nehmen. Allerdings wurde ich Peter genannt, denn so sagte man mir: Petrus heißt doch kein Mensch. Obwohl ich das Hin und Her mit meinem Namen gar nicht lustig fand, hatte es doch auch einen Vorteil: Ich konnte oft Namenstag feiern und so richtig am 29. Juni: Peter und Paul!
Meine Familie und Freunde in Belgien nennen mich immer noch Paul, doch sobald ich die Grenze in Aachen überschritten habe, bin ich wieder Petrus.
Beim Aufschließen der Gefängniszellen habe ich oft an den Mann mit dem Schlüssel gedacht. Ich bin halt ein Petrus, wie es mein Vater damals schon vorausgesehen hat. Und ich bin ihm heute noch dankbar für seine krumme Tour durch die Lepelstaat.

An der Grenze

Mein Vater hatte einen gut biblischen Beruf. Er war Zöllner an der belgisch-niederländischen Grenze in Lommel. Dort hat mein Vater jahrzehntelang mit seinen Kollegen Jagd auf Schmuggler gemacht. Mit dem Fahrrad, draußen in Wald und Feld, bei Wind und Wetter, meist nachts. Mein Vater war kein Eddy Merkx und hatte bei der Verfolgungsjagd keine Chance. Auch als die Schmuggler schon lange mit dem Auto die Grenze passierten, fuhren die „Komiesen" immer noch mit dem Velo hinter ihnen her. Das Nachsehen hatten sie auch bei der Frau eines ihrer Kollegen, die mehrere Kilo Butter unter ihren Röcken verstaute. Meine Mutter radelte manchmal auch heimlich über die Grenze. Wenn das mein Vater erfuhr, bekam sie es jedes Mal kräftig „aufs Brot geschmiert".

Es ist nicht leicht, in einem Grenzdorf das Kind eines Zöllners zu sein. Später habe ich oft auch Probleme mit den Zollbeamten gehabt. Offenbar bin ich nicht glaubwürdig, wenn ich sage, dass ich nichts zu verzollen habe. Ist es mein Bart, der mich so verdächtig aussehen lässt? Ich wurde schon einmal aus dem Zug herausgeholt. Und in Marokko musste eine Reisegruppe einmal eine halbe Stunde lang im Bus warten, weil unter ihnen so ein dubioser Grenzgänger war …

Beim Grenzübergang Friedrichstraße in Ost-Berlin wurde ich 1981 als Einziger von rund 80 Gefangenenseelsorgern festgehalten. Angeblich stimmte mit meinem belgischen Reisepass etwas nicht. Ich wurde durch Gänge, vorbei an einigen russischen Offizieren, in ein kahles Zimmer geführt. Ich musste mich an die Wand stellen und wurde nach Waffen durchsucht. „So, jetzt sagen Sie uns mal, wie Sie wirklich heißen!" Als ich sagte, dass ich wirklich Petrus

Ceelen bin, wurde mir ein Papier vorgelegt und ich musste Angaben zu meiner Person, Familie und Arbeit machen. Zu guter Letzt konnte ich gehen, aber die Deutsche Demokratische Republik durfte ich nicht betreten. Warum, weiß ich bis heute nicht. War mit meinem Pass wirklich etwas nicht in Ordnung? War alles nur Schikane? Ich werde es nie erfahren. Viel wichtiger ist die Grenzerfahrung, die mich an mir selbst zweifeln ließ.

Liebe Leserin, lieber Leser, auch wenn du an der Grenze keine Probleme hast, weißt du eigentlich, wer du bist? Die Antwort steht nicht in deinem Pass. Auch deine Fingerabdrücke beweisen nichts. Wenn du wissen willst, wer du wirklich bist, musst du die Grenze überschreiten. Dazu brauchst du nicht ins Ausland zu reisen. Es genügt, einmal richtig aus der Haut zu fahren. Wenn du außer dir bist, begegnest du dem, der in dir steckt, und der sieht ganz anders aus als auf deinem Passbild.

„Die Grenze ist der Ort der Erfahrung", weiß Paul Tillich. Erst wenn ein Unfall oder eine Krankheit uns aus der Bahn werfen, erst dann werden wir mit der Grenze konfrontiert (*frons*, la frontière = die Grenze). Nicht selten gelangt der Mensch bei schwerer Krankheit an den Rand seiner Existenz.

Im Grenzgebiet des Todes geschieht oft viel Gutes. Die Hilfe, die hier gewährt wird, macht keinen Lärm. Im Stillen fließt der Wärmestrom der Zuwendung auch heute noch aus ungezählten Quellen. In unzähligen Familien, im Hospiz und anderswo werden Sterbende liebevoll begleitet. Hilfsbereiten Menschen ist keine Mühe zu groß. Und auch wenn sie am Krankenbett an die Grenzen des Helfens kommen und nichts mehr machen können, wird noch alles getan, um das Leid zu lindern. Indem Menschen ihre Machtlosigkeit und Hilflosigkeit miteinander teilen, helfen sie einander, das Unerträgliche zu tragen. Es ist oft nicht zu glauben, was die Liebe alles vermag und wie viel ein Mensch dem anderen zuliebe

aushalten kann. Manchmal grenzt es an ein Wunder, wie lange Todkranke noch leben.
An der Grenze zwischen Leben und Tod kommt oft auch die Sprache an eine Grenze. Der Sterbende kann sich nicht (mehr) mitteilen. Er verstummt. Dabei hätte er noch so viel zu sagen. Es gäbe noch so viel zu fragen. Doch dazu ist es dann zu spät.
Manche sind ganz stumm, stehen auf der Schwelle zum Jenseits. Und wenn sie dann zurück ins Leben geholt werden, sind sie oft sehr enttäuscht. „Es war so schön!" Günthers Augen leuchten immer noch, wenn er von seinem Nahtoderlebnis schwärmt: „Ich sah das große Tor und daneben einen wunderschönen jungen Mann, der zu ihm sagte: Günther, komm herein. Hier brauchst du kein Geld. Ich schaute das helle Licht und eine große Schar Menschen, gekleidet in strahlenden Farben. Die Männer in Blau, die Frauen in Weiß, die Kinder in Blau-Weiß. Und die vielen, vielen Blumen mit ihrem himmlischsüßen Duft." Den roch Günther noch lange, nachdem er aus dem Koma aufgewacht war. Seitdem hat er überhaupt keine Angst mehr vor dem Tod und sagt: „Das Schönste im Leben ist zu sterben."
Ich habe oft die schonungslos brutale Gewalt des Todes erlebt und möchte ihn nicht schönreden. Wie oft ist der Sterbende nur noch ein erbärmliches Bündel: offener Mund, aufgerissene Augen, Schmerzen, Atemnot, Schleimauswurf, schweißgebadet, wund gelegen …
Durch die Sterbebegleitung bin ich dem Bewusstsein der eigenen Begrenztheit, Endlichkeit einen großen Schritt nähergekommen. Und wenn ich dann die Verstorbenen ganz gelöst, erleichtert, friedlich, ja glücklich im Sarg liegen sehe, nimmt mir das ein wenig die Angst vor dem letzten Grenzübertritt. Und ich freue mich jetzt schon, meine Mutter und meinen Vater, Günther und die vielen anderen wiederzusehen, die ich bis an die Schwelle begleitet habe. Jenseits der Grenze wird mein Patron mich dann kontrollieren. Mal schauen, ob du wirklich der Petrus bist.

Auf der Suche nach einer Heimat

Heimat ist für immer mehr Menschen ein Fremdwort. Millionen arbeiten in der Fremde, kommen nur selten nach Hause. Zahllose Ausländer haben sozusagen zwei Heimatländer, und dennoch sind sie eigentlich heimatlos. Auch wenn die Kinder hier geboren sind, haben sie vielfach das Gefühl, bei uns nicht zuhause zu sein, allein schon aufgrund ihres Namens.

Auch im eigenen Land tun sich Kinder oft schwer, heimisch zu werden. Durch den Umzug werden die Kleinen entwurzelt, aus ihrer vertrauten Umgebung herausgerissen. Freundesbande reißen ab. Andere verlieren durch die Scheidung der Eltern ihr Zuhause. Sie werden aufgeteilt, leben teils beim Vater, teils bei der Mutter. Und das Wochenende und die Ferien verbringen sie einmal bei diesem, einmal bei jenem Elternteil. Viele Scheidungskinder wissen nicht, wo sie hingehören.

Manche Kinder sind immer noch auf der Suche nach ihrem Vater. So gerne möchten sie einmal mit ihm reden, ihn zur Rede stellen. „Wo warst du all die Jahre, als ich dich so sehr gebraucht habe? Warum hast du dich nie sehen lassen? Warum wolltest du nicht wissen, was aus mir geworden ist? Warum hast du meine Mutter sitzen lassen?“ Andere suchen immer noch ihre Mutter und möchten endlich wissen: „Warum hast du mich weggegeben? Warum wurde ich adoptiert? Warum bin ich im Heim aufgewachsen, habe kein Zuhause gehabt?“

Die Suche nach der verlorenen Kindheit treibt viele um. Es ist auch ein Suchen nach Heimat. Wo gehöre ich hin? Wo ist meine Seele zuhause? Irgendwo wohnen genügt nicht. Fühlen wir uns in unserem Heimatort heimisch? *SWR 4 – da sind wir daheim. – In Bayern zuhause* ... Und wie die Sprüche alle heißen. Sie verheißen das Gefühl der Heimat.

Heimat – mit diesem Wort schießt der Hoffnungsphilosoph Ernst Bloch sein Lebenswerk. Wir hoffen alle eine Heimat zu finden. Und so machen wir uns auf der Suche, suchen in Gruppen und in Vereinen, besuchen Veranstaltungen und Gottesdienste ... Wir suchen am Meer, in der Bergwelt, in fremden Ländern, in anderen Religionen ...

Eine Heimat finden ist schwer. Denn nicht einmal die Erde selbst gibt uns noch das Gefühl, beheimatet zu sein. Wir fühlen uns unbehaust, verloren in den Wüsten des Weltalls. Wozu sind wir auf Erden? Weshalb leben wir? Was für ein Daseinsgrund sollen wir Menschen denn haben? Diese Frage treibt uns Menschenkinder um. Was ist der Sinn? Niemand kann auf Dauer leben, wenn er sein Dasein für sinnlos hält. Sinnsuche klingt so abstrakt, aber oft ist es die konkrete Liebe zwischen zwei Menschen, die ihrem Leben Sinn gibt. Liebende fragen nicht nach dem Sinn. Sie erfahren ihn. Einer wird für den anderen zur Heimat. Bei ihm fühlt er sich geborgen. Der geliebte Mensch entspricht ihm, ist sein Gegenstück. Miteinander bilden sie ein Ganzes, sind ein Paar.

Es ist nicht gut, dass der Mensch allein ist ... Und so sucht und sucht er. Wer nicht findet, was er voller Sehnsucht sucht, wird irgendwie süchtig. Alkohol, Tabletten, Drogen ... Keiner würde rauchen, trinken, Drogen konsumieren, wenn ihm nichts fehlen würde.

Die vielen Formen der Sucht lassen mich nicht nur an verlorene Heimat denken, sondern auch an Heimat, wo noch niemand war. Manche schießen sich mit Kokain hoch, sind high, fühlen sich im Himmel. Andere besorgen sich ihren Kick ganz legal.

Unser aller Leben ist eine große Suchbewegung. Ich hoffe, dass es

bei uns nicht mit diesem Grabspruch endet: So eine(n) wie dich werde ich nicht mehr finden und auch nicht mehr suchen.
Was immer auf unserem Grabstein geschrieben sein mag; wenn auch nur ein Einziger an unserem Grab steht und weint, hat er in uns gefunden, was wir suchen: einen Partner, eine Mutter, einen Vater, einen Menschen, eine Heimat.

Bei sich zuhause sein

Woody Allen hat einmal gesagt: „Ich bedauere nur eines in meinem Leben, dass ich nicht ein anderer bin.“ Das ist komisch, wenn wir es nicht ernst meinen, aber ernst gemeint ist der Satz furchtbar. Wie verzweifelt muss ein Mensch sein, der wirklich ein anderer sein möchte! Sein negatives Selbstbild nimmt ihm jedes Selbstwertgefühl. Nicht wenige Menschen haben das Gefühl, nichts wert zu sein, geschweige denn liebenswert. Sie können nichts Wertvolles, nichts Gutes an sich entdecken. Manche verachten sich selbst und verstehen die Leute nicht, die sie mögen. Wer derart unter sich selbst leidet, wie kann der andere lieben? Wenn ich mich selbst nicht mag, kann ich auch andere nicht mögen.

Liebe deinen Nächsten wie dich selbst. Nächstenliebe fängt bei mir an. Da geht es nicht um narzisstische Selbstliebe, sondern, dass ich gerne ich bin und kein anderer sein möchte. Solange ich in einem anderen Gehäuse wohnen möchte, kann ich mich in meiner Haut nicht wohlfühlen. Das heißt nicht, dass es mir immer leicht fällt, ich zu sein. Meine Macken mag ich immer noch nicht. Manches hätte ich schon gerne von anderen: den klaren Verstand, das sonnige Gemüt, die blauen Augen oder den dicken Geldbeutel. Aber wenn ich mich dann frage: Möchtest du der andere sein?, komme ich doch immer wieder zu dem Schluss, dass ich lieber ich bin. Und das ist gut so. Denn solange ich ein anderer sein möchte, kann ich nicht bei mir zuhause sein.

Wenn ich mich selbst nicht mag, komme ich auch nicht gerne zu mir. Zu sich kommen, sich zurückziehen aus dem Lärm an einen stillen Ort. *Retraite* wurden früher die Einkehrtage genannt oder *Recollectio*: sich wieder sammeln, die Teile wieder einsammeln. Oft

sind wir zerstreut. Hier ein Teil und dort ein Teil. Wieder ganz werden, eins mit sich sein.
Um zu uns selbst zu kommen, braucht es keinen eigenen Einkehrtag. Es genügt, die Augen zu schließen und die Türen der Seele zu öffnen. Langsam treten wir in den Raum ein, zu dem sonst niemand Zugang hat. In unserer innersten Kammer sind wir ganz allein mit uns. Wir können in uns hineinhorchen, die Melodie unseres Lebens hören.
Wir tun gut daran, zu bestimmten Tageszeiten uns selbst zu begegnen. Morgens, wenn der Geist noch ganz wach ist. Oder am Abend sich ein wenig besinnen und ruhig fragen: Du, wie geht es dir?
Was uns oft daran hindert, zu uns selbst zu kommen, sind die vielen Gedanken, Sorgen, Ängste, die uns plagen. Es ist nicht einfach, den Kopf leer zu bekommen, uns zu entleeren und voll und ganz bei uns zu sein. Durch alle möglichen Dinge werden wir abgelenkt, von uns weggelenkt. PC, Internet, Fernseher, Telefon, Handy. Jeder Anruf ruft mich von mir weg.
Um zu uns zu kommen, können wir eine Kerze anzünden und ihr Licht betrachten. Oder wir legen uns einfach auf den Rücken und schauen den Wolken zu. Nehmen wir uns die nötige Zeit, bei uns selbst einzukehren. Stellen wir all den Kram und Krempel beiseite, der uns den Zugang zu unserem Innersten versperrt. Treten wir ein in unser Haus und treten wir in Beziehung mit unserem Selbst.
Die Beziehung zu mir selbst ist der Schlüssel für den Zugang zu meinen Gefühlen. Wie fühle ich mich? Wer wäre ich gerne? Kann ich auch sagen: „Wenn ich nicht ich wäre, würde ich mich beneiden?!“ Manche Menschen sind wirklich nicht zu beneiden, und dennoch möchten sie mit niemandem tauschen. Waltraud, 71, bettlägerig, seit mehr als 40 Jahren MS-krank, bekennt: „Ich möchte niemand anders sein. Sicher wäre ich froh, wenn ich mich etwas mehr bewegen könnte oder manchmal weniger Schmerzen hätte, aber ich bin froh, dass ich ich bin.“

Wer froh ist, sich selbst zu sein, kann auch andere anders sein lassen. Er hat es nicht nötig, über andere herzuziehen. Viele Feindseligkeiten sind die Folge des eigenen Unfriedens. Menschen reden Böses über andere, weil sie sich selbst nicht gut finden. Andere werden abgewertet, um sich selbst aufzuwerten.
Weiß ich um meinen eigenen Wert? Fühle ich mich wertvoll? Das Selbstwertgefühl hängt vielfach von der Bestätigung von außen ab. Und die ist zunehmend abhängig vom Aussehen. Wer gut aussieht, wird angesehen.

Liebe Leserin, vielleicht leidest du darunter, dass du nicht so ansehnlich bist wie die Models und Mannequins. Dafür hast du mehr innere Werte.
Dein Körper aber soll sich bei dir wohlfühlen. „Tu deinem Leib Gutes, damit deine Seele Lust hat, darin zu wohnen." Es muss nicht gleich ein Wellnesswochenende, eine Wohlfühlwoche sein. Schon eine halbe Stunde in der Badewanne kann eine Wonne für Leib und Seele sein. Tue dir selbst etwas Gutes! Du bist es wert. Sei gut zu dir und zeig, was du dir wert bist!
Lieber Leser, wann hast du das letzte Mal einen Besuch bei dir gemacht? Und warst du bei dir zuhause?

Ich frage mich

Ich frage mich … Ich stelle mir die Frage … So, als ob ich zwei Ichs hätte. Und das eine Ich mehr wüsste als das andere. Ja, manchmal habe ich auch das Gefühl, dass ich aus zwei Ichs bestehe und noch ein anderer in mir wohnt.

Ich kann nicht einfach sagen: Der bin ich. Ja, so bin ich. Manchmal sagt die eine Stimme in mir: Du bist o.k. Und die andere entgegnet: Du bist unmöglich. Manchmal könnte ich den ganzen Tag singen und ein paar Minuten später nur noch heulen. Manchmal möchte ich alle Menschen umarmen, manchmal jeden anschreien. Ich bin in Gegensätze gespalten. Manchmal spüre ich Gott in mir, mein Herz ist voll von ihm. Dann spüre ich wieder nichts. Es ist, als ob zwei Seelen in mir wohnen, doch keine von beiden bei mir zuhause ist.

Ich frage mich: Wer bin ich eigentlich? Deutet allein diese Frage nicht schon darauf hin, dass ich mich ein Stück weit von dem entfernt habe, der ich wirklich bin? Bin ich wirklich der, der mich da aus dem Spiegel anschaut? Ich kenne den zwar schon lange, aber irgendwie ist er mir immer noch fremd. „Je est un autre", sagt Arthur Rimbaud. Ich ist ein anderer. Ein anderer, als die anderen in mir sehen. Ein anderer als der, für den ich mich halte.

Der Spiegel hat eine dunkle Rückseite. Ich blicke nicht durch. Wer bin ich?, frage ich mich. Manchmal sage ich du zu mir. Du siehst so seriös aus, so furchtbar ernst. Hast du nichts zu lachen? Wie du aussiehst! Manchmal erschrecke ich. Ich erschrecke mich. Mein Gott, bin ich grau geworden! Und dennoch bin ich immer noch der, der ich schon immer war. Ich bleibe, wer ich bin.

Wer bin ich? Ich bin ein Kind von zwei Menschen. Ihre Gene trage ich in mir, genauso wie mein Bruder. Aber warum bin ich nicht

mein Bruder? Warum habe ich ein anderes Genom, ein anderes Gen-ABC als er? Ist das gottgewollt? Ist jeder Mensch ein eigener Gedanke Gottes? Aber was hat Gott sich dabei gedacht, als er mich ins Leben rief? Was war sein Hintergedanke? Oder ist alles nur Zufall? Bin ich ein Zufallstreffer? Das Ergebnis einer schnellen Nummer?
Warum bin ich der, der ich bin? Warum bin ich nicht mein Bruder, obwohl unser beider Baumaterial aus dem gleichen Erbgut besteht? Warum bin ich ich? Diese Frage stellt sich erst recht bei einem eineiigen Zwilling. Ein Ei ist wie das andere, ist aber nicht das andere. Beide sehen gleich aus, Anne wie Katrin. Wie oft habe ich unsere eine Tochter schon mit der anderen verwechselt. Und wenn das Telefon klingelt und ich höre: „Papa, ich bin's!“, habe ich manchmal das große Glück, dass ich richtig rate, wer von beiden es ist.
Jeder Mensch ist anders, denkt anders. Aber jedes Ich fragt sich: Warum bin ich? Warum bin ich ich? Ich frage mich.

Wie findest du deinen Namen?

Eigentlich heißt sie Karin. Mit 30 hat sie sich Anuschka genannt. Bei der letzten Party hat sie ihren Gästen feierlich verkündet: „Von nun an heiße ich nicht mehr Anuschka, sondern *Vanilla medica*." Was willst du da noch sagen: Ich bin der Kalle. Ich heiße Hannes. Mein Name ist Nicole. Ich bin der Detlef!? Alle fühlen sich minderwertig gegenüber *Vanilla medica*. Obwohl Vanille mein Lieblingseis ist, schmeckt es mir nicht mehr, seit sich Karin Anuschka *Vanilla medica* nennt.

Viele tun sich schwer, ein Leben lang ihren Namen zu tragen. Ich denke an Marina, die von Kindesbeinen an immer wieder hören musste: „Marina, Marina, Marina, du bist ja die Schönste der Welt!" Marina sagt: „Meine Eltern wissen gar nicht, was sie mir damit angetan haben, mich nach so einem blöden Schlager zu benennen." Nicht nur Kinder dieser Welt, auch viele Ordensschwestern leiden unter ihren Namen. Schwester *Primitiva* bittet ihre Oberin, in Zukunft keine Schwester mehr diesen Namen tragen zu lassen. Das Kreuz mit dem Namen steht auf ihrem Grab. Neben Schwester Primitiva liegt *Schwester Valeria*, die von ihren Schülern „Schwester Falleri Fallera" genannt wurde. Daneben ruht *Schwester Rogata*, die für viele immer noch Schwester „Rabiata" ist. Niemand hat es in der Hand, was andere aus seinem Namen machen. Aus *Maximilian* wird Max oder Mäxle, aus *Chiara* Kiki, *Hans-Jürgen* ist der Hansi. Gar nicht so einfach, einen Namen zu finden. Ich weiß, wovon ich rede.

Ich sehe mich immer noch neben meine Frau stehen. Sie liegt schon stundenlang in Wehen. Endlich ist es so weit. Unser Kind. Ein Mädchen. Kurze Zeit später merkt die Hebamme, dass mit

meiner Frau etwas nicht stimmt. „Hanoi, da isch no ebbes!" Dann geht alles so schnell ... und schon hält der Arzt unser zweites Kind in Händen. Die große Schwester hatte den Weg für ihr Schwesterchen freigemacht. Innerhalb von sechs Minuten sind meine Frau und ich eine vierköpfige Familie geworden.
„Wie sollen eure Mädchen heißen?", fragt uns der Arzt. Wir aber sind immer noch sprachlos. Wir hatten an *eine* Anne oder an *einen* Jan gedacht, aber doch nicht an zwei Mädchennamen. Man gibt uns Bedenkzeit bis zum nächsten Tag. Unsere Kinder bekommen so lange ein Armbändchen: Ceelen 1 – Ceelen 2. Abends rufe ich meine Mutter an. Sie kann es nicht glauben: „Ach Junge, du hast sicher zu tief ins Glas geschaut und siehst alles doppelt. Geh ins Bett und ruf morgen noch mal an!" Am nächsten Morgen sind es aber immer noch zwei. Jede der beiden Nummern bekommt nun ihren Namen: Anne und Katrin.
Weißt du eigentlich, wie deine Eltern deinen Namen gefunden haben? Hoffentlich war es nicht so wie bei dem Ehepaar, das fest mit einem Mädchen gerechnet hatte. Es sollte Petra heißen. Als die Frau dann aber einen Buben gebar, sagte sie zu ihrem Mann: „Du nimmst ein Telefonbuch, öffnest es mit verschlossenen Augen und tippst mit dem Finger auf irgendeinen Namen." So ging der brave Mann in die nächste Telefonzelle, öffnete die Augen und las Axel. Axel wäre mit seinem Namen rundum glücklich, wenn er nur nicht so oft Alex genannt würde. Manche Väter können sich kaum damit abfinden, dass sie keinen Sohnemann haben. Da wird die Tochter einfach Wilfried genannt und die Martina ist der Martin.
Nicht wenige Kinder tragen den Namen einer verflossenen Liebe des Vaters oder der Mutter. Die meisten Eltern halten den Namen ihres Kindes bis zur Geburt geheim. Manche verraten die letzten Wochen den ersten Buchstaben. Fängt mit „*E*" an. Dann geht das große Rätselraten los: Eva, Emil, Erwin, Ella, Elisabeth, Edmund, Erika, Else, Ernst, Elfriede, Egon, Erna, Edwin, Ellen, Elvis,

Eugen, Emma, Ewald, Erich, Evelyne, Elke, Eberhard, Esmeralda, Elmar … Alles falsch. *Eleonore* heißt die Kleine. „Ein schöner Name", sagt die Oma, „wenn ich bei dem Namen nur nicht immer an Lenor denken müsste."

Mercedes lässt uns automatisch an das Fahrzeug mit dem Stern denken. Dabei war Mercedes „unsere liebe Frau von Barmherzigkeit", die einst die Gefangenen loskaufte. Es ist manchmal gut, die ursprüngliche Bedeutung des Namens nicht mehr zu kennen: *Claudia* = die Hinkende, die Lahme, *Hermann* = Mann des Heeres …

Viele hängen an ihrem Namen, als ob ihr ganzes Selbstwertgefühl davon abhinge. „Ich bin die Martina, nicht die Tina." – „Ich heiße Birgit, nicht Brigitte." Manche hängen sogar an einem Buchstaben: „Ich heiße Gabriel*a*, nicht Gabriel*e*." – „Ich heiße Gunther und nicht Günther." – „Mein Name ist Günter, aber ohne *h*." – „Ich heiße Hannah, mit *h*." – „Ich bin der Helfrid, aber ohne *e*. Vielleicht sogar einmalig."

Auch dich, *liebe Leserin, lieber Leser*, gibt es nur einmal. Das sagt dir dein Name. Du bist einzigartig, unverwechselbar, nicht austauschbar. Dein Name ist der Schlüssel, damit du dich bei dir zuhause fühlst.

Wie findest du deinen Namen? Gefällt er dir? Manche Menschen sind von Anfang an ganz glücklich mit ihrem Namen, andere werden es nie. Der Name wurde uns gegeben. Wir haben ihn ebenso wenig ausgesucht wie unser Gesicht.

Beides tragen wir unser Leben lang mit uns. Während wir unser Aussehen wenigstens noch ein bisschen verändern können, bleibt unser Name unveränderlich. Natürlich können auch wir einen anderen Namen annehmen. Es muss ja nicht *Vanilla medica* sein. Auch der Familienname lässt sich ändern. Das kostet allerdings einige Hundert Euro. So wird auf dem Standesamt aus dem Herrn Sau ein Mister Schlau gemacht, Hitler wird zu Mitler. Andere

behalten ihren Namen und tragen ihn mit Fassung: Frau Dr. Affemann. Herr Doktor Teufel. Henriette Hölldampf. Da habe ich es wesentlich leichter. Ceelen kommt vom lateinischen coelum = Himmel. Ceelen Petrus – ist das nicht himmlisch?
Passt unser Name zu uns? Passen wir zu unserem Namen? Wir können ihn erst dann gut finden, wenn wir uns selbst gefunden haben. Die Selbstfindung braucht manchmal viel Zeit. Ich selbst habe auch erst auf Umwegen zu meinem Namen Petrus gefunden: eine krumme Tour (siehe Seite 32f.).
Mein Name hilft mir, herauszufinden, wer ich eigentlich bin. Erst wenn ich mich voll und ganz mit meinem Namen identifiziere, habe ich ihn innerlich angenommen. Dann kann ich sagen: Ich bin Petrus.
Uns tut es gut, mit unserem Vornamen angesprochen zu werden. Wir hören unseren Namen gern, vor allem aus dem Mund eines Menschen, den wir mögen. Und wenn er dann noch unseren Kosenamen nennt, ist das wie ein Streicheln über den Kopf.
Wir Flamen sprechen uns fast nur mit dem Vornamen an, so als wären wir eine große Familie. Und auch im Fernsehen geht es recht familiär zu. Auf der Programmtafel steht: Das Wetter mit *Frank*. Oder: Het weer met *Sabine*. Und der Regierungschef ist *Yves*. Und auch der König wird einfach *Albert* genannt.
Meine Eltern habe ich nie bei ihrem Vornamen genannt. Wenn Kinder das tun, klingt das zwar vertraulich, aber es gibt noch andere, die den Namen ihres Vaters oder Mutter tragen. Mama und Papa sind einmalig. Als Tante Ruth ihren einzigen Sohn Martin verlor, sagte sie als Erstes: Jetzt wird niemand mehr *Mutter* zu mir sagen.
Wer zwei Vornamen trägt, muss sich oft mit einem begnügen. Bei Familien-Doppelnamen „vergesse“ ich oft die zweite Hälfte: Das missfällt nicht nur Frau Dr. Barbara-Pia Brecheisen-Stichelsfelder. Und wehe, wenn ich bei Madame Dämlich-Kluge die bessere Hälfte weglasse.

Bei uns in Belgien nehmen die Frauen nach der Eheschließung nicht den Namen des Mannes an. Eine Frau kann fünfmal heiraten, sich jedes Mal scheiden lassen. Sie bleibt sich selbst treu. Madame behält ihren Namen bei. Sie ist und bleibt die, die sie ist. Meine Frau ist nicht meine Frau. Sie heißt nicht Frau Ceelen, sondern Christiane Seret. Auf ihrem Personalausweis steht nicht einmal, dass sie mit mir verheiratet ist. Selbst ist die Frau, *liebe Leserin*.

Schwangere Musliminnen erheben in Belgien den Anspruch, nur von einer Ärztin – und nicht von einem Arzt – untersucht zu werden. Gleichberechtigung wird in meinem Mutterland ganz groß geschrieben.

Lieber Leser, vielleicht vermag es dich ein wenig zu trösten, dass der Mann in meiner Heimat die gleichen Rechte hat wie die Frau. Er ist ihr gleich gültig. Ob Harald Schmitt deshalb nur fünf Jahre in Belgien gelebt hat?

Die Mutter Sprache

Unsere Muttersprache haben wir mit der Muttermilch eingesogen. *Mama* war unser erstes Wort. Und bei nicht wenigen ist es auch das letzte. Die Muttersprache ist unser Zuhause. Dagegen sind wir in einer Fremdsprache nicht daheim. Es kann lange dauern, bis wir eine fremde Sprache sprechen, sie richtig aussprechen. So können Deutsche nicht *Scheveningen* sagen, obwohl ihnen das *Sch* … sonst leicht über die Lippen kommt.

Deutsch, Niederländisch, Flämisch sind eng miteinander verwandt. Broeders en zusters, een hollands spreekwoord zegt: Spreekwoorden zijn de dochters van de dagelijkse ervaring. Sprichwörter sind die Töchter der täglichen Erfahrung. Die Spruchweisheit „Bellende Hunde beißen nicht" klingt in meiner Muttersprache besonders blöd: „Honden, die telefoneren, bijten niet." Meine Frau beißt auch nicht, wenn sie anruft. In Belgien blaffen Hunde, Menschen bellen. Dafür sagt bei uns kein Mensch: „Mich laust der Affe." Wir sagen auch nicht: „Das ist dein Bier." Wir trinken es selbst. Die belgischen Biernamen sprechen ihre eigene Sprache: Petrus, Sint Bernardus, Sixtus, Judas, Duvel, Kwak, Malheur, Straffer Hendrik, Delirium tremens, Guillotine, Mort subite …

Vor dem Tod hat der Flame keine Angst. Er singt: „En als wij dood zijn, groeit er gras op onzen buik, gras op onzen buik …" Und wenn wir tot sind, wächst das Gras auf unserm Bauch, Gras auf unserm Bauch … Beim Muschelessen beten wir: „Bauch, steh mir bei!"

Inzwischen habe ich ein schönes *Bäuchle*, wie die Schwaben sagen. Schwäbisch ist eine Sprache für sich. Und *Leutle* gibt´s im *Ländle* der *Spätzle* und *Späßle*.

Und *Tierle* hat's, natürlich auch mit *Schwänzle*. *Gärtle* gibt´s und auch *Gütle*, also schon was Größeres. Und dann die vielen *Viertele* und *Achtele*. Und bei der Weinprobe bekommst du und dein *Schätzle* ein *Zehntele* und ein *Bissle* Brot. Das *heilix Blechle* kommt freilich auch aus Stuttgart, ein schönes *Städtle*, in dem auch das *Herrgöttle* mehrere *Häusle* hat. Das Einzige, was die Schwaben nicht verkleinern, verniedlichen, ist die *Kehrwoche*. Und die geht mir auch nach 40 Jahren noch gegen den Strich.

Als ich 1971 ins Musterländle kam, hörte ich von allen Seiten: *Grüß Gott*! Wie kamen die Leute auf der Straße dazu, zu mir *Gott* zu sagen? Das war zu hoch für mich. Und dann noch der Schaffner im Zug: „Grüß Gott! Ihren Fahrschein bitte!" Wieso befiehlt er mich Gott zu grüßen, wenn er meinen Fahrschein sehen will? Oder heißt der Befehl „Grüß Gott" Gott grüße dich?! Heutzutage begrüßen sich auch viele Schwaben nur noch mit *Hallo*, *Hallöchen* oder *Hallöle*. Dann ist mir das Grüß Gott doch viel lieber. Denn im göttlichen Gruß komme ich dem Geheimnis auf die Spur, dass Gott in jedem Menschen wohnt. Durch jeden, der uns grüßt, spricht Gott zu uns.

Inzwischen ist auch der Herrgott nicht mehr der, der er war. „Als Gott Adam schuf, übte sie nur", lehrt uns die Frauenbibel. Die Menschinnen bekämpfen das Herrschaftsinstrument der männlichen Sprache und bekriegen die Herren der Schöpfung, die das Weib, das Fräulein, das Mädchen schufen. Oh Männlein, wo ist die Zeit, dass man sagte, was Mann sagt! Und wo ist die gute alte Zeit, dass wir noch unsere Muttersprache sprachen?!

Heute reden wir nur noch denglisch. Hey! Das Wort Handy gibt es im Englischen gar nicht, aber es klingt so, als ob. *Shop* hört sich besser an als Laden. Dabei ist ein Sex-Shop ein ganz ordinärer Laden für Erotika und Aphrodisiaka. Manche Wörter übersetzen wir lieber nicht. *Make up* = Aufmache. Warum sprechen Sportreporter ständig von *fighten* statt von kämpfen?! Was hat *Love*, was *Liebe* nicht hat?

Wir reden fast nur noch in Superlativen. Alles ist heute super. Ein Superangebot: Das Super-Pils zum Super-Sparpreis. Nur 6.80 statt 9.80 der Kasten! Erst nach der zweiten Flasche blicke ich es: Je mehr ich trinke, desto mehr spare ich. Und ich Trottel habe nur einen Kasten gekauft. Bin ich blöd!

Blöd, irre, cool, mega, geil, voll geil, oberaffengeil. Das ist doch nicht mehr normal. Oder ist unser Wortschatz so irrsinnig, weil wir Normale irre oder normale Irre sind?!

Die Sprache ist verräterisch, hat den Menschen verraten. *Menschenmaterial* war das Unwort des letzten Jahrhunderts. Material hat immer eine Funktion zu erfüllen. „Mit dem Spielermaterial muss der FC Bayern Meister werden.“ – „Das Gefangenenmaterial wird stets schlechter“ – „Das Patientenmaterial ist auch nicht mehr das, was es einmal war.“

Es ist alles nicht mehr das. Nur Petrus bleibt. Mir bleibt mein Petrus-Bier. Es tröstet mich ein wenig darüber hinweg, dass die Mutter Sprache ausstirbt. Spätestens, wenn ich den dritten Petrus Dubbel bestelle, merkt der Ober, dass ich nicht sauber bin. Die Sprache ist verräterisch. Versprecher bringen so manches ans Licht, oft schon, bevor der Hahn zum ersten Mal gekräht hat. Bei der dreifachen Verleugnung war es der galiläische Akzent, der Petrus zum Verhängnis wurde.

Ich kann nicht leugnen, dass mein Flämisch stark verdeutscht ist. Mir tut es weh, meine eigene Muttersprache nicht mehr richtig sprechen zu können und von meinen Landsleuten nicht verstanden zu werden. „Een rozijnenbrood en drie koffiekoeken“, sage ich zum Bäcker. Er schaut mich etwas verdutzt an. Und dann sagt er mir zum Abschied: „Auf Wiedersehen!“ Ich gebe zu, dass ich auch auf Deutsch träume – allerdings mit flämischen Untertiteln.

Wanderer zwischen zwei Welten

Heute habe ich Johann, 86 Jahre, beerdigt, der von vielen Jani genannt wurde. Der Abschied ist auch seiner Enkelin Veronique, 19 Jahre, sehr schwergefallen. „Es war immer so schön, wie der Opa mich als Kind im Garten geschaukelt hat. Und immer hat er gesungen, Deutsch und Ungarisch." Ja, Johann hatte beides in sich vereint. Ost und West gehören zusammen. Das war seine Lebensphilosophie. Ost und West – nicht gegeneinander, sondern miteinander. Nach dem Krieg wurde Jani aus Ungarn ausgewiesen und hat versucht, in Asperg eine neue Heimat zu gewinnen. Das ist ihm auch gelungen. Er war im Vorstand verschiedener Vereine, war lange Jahre Parteivorsitzender, doch in seinem Herzen ist er immer Ungar geblieben. Dort hatte er seine Wurzeln. Auch als er schon krank war, ist er immer wieder in seine Heimat gefahren. Das war Medizin für seine Seele.

Menschen, die woanders herkommen, zieht es immer wieder zurück in die Heimat. Horst aus der früheren DDR sagt: „Wenn ich ein halbes Jahr den Kirchturm meines Geburtsortes nicht gesehen habe, bekomme ich Herzschmerzen. Dann muss ich wieder nach Hause. Seit 48 Jahren lebe ich hier, aber mein Herz hängt immer noch dort."

Obwohl ich mehr als die Hälfte meines Lebens in Deutschland gelebt habe, schlägt mein Herz immer noch für Belgien. Das merke ich erst recht beim Fußballspiel Belgien gegen Deutschland, Brügge gegen Stuttgart oder Anderlecht gegen Bayern München. Leider habe ich es noch nicht erlebt, dass „Unsere" den Bayern die Lederhosen ausgezogen haben.

Bloß gestellt zu werden, sich zu entblößen macht Angst. Angst vor dem Gerede. Angst vor dem Zeigefinger. Ich denke an Helmut, der in seinem Heimatort auf der Schwäbischen Alb ein angesehener Geschäftsmann ist. Jedes zweite Wochenende fährt er nach Stuttgart, angeblich ins Stadion zum VfB. Dabei geht Helmut in die Lokale, wo er ganz normal schwul sein darf. Dort trifft er auch Männer, die Frau und Kinder haben. Nicht wenige Schwule sind verheiratet, können nicht zu ihrem So-Sein stehen. Und auch Lesben brauchen oft lange, bis sie sich trauen, ihr Leben zu leben.

Das Versteckspiel ist oft gerade in der katholischen Kirche sehr unwürdig, weil dort so getan wird, als ob es „so etwas" in den eigenen Reihen nicht gibt. Homosexuelle kommen in der Kirche einfach nicht vor, sie existieren nicht. Und so können schwule Pfarrer und lesbische Nonnen nicht offen über ihre Ängste, Nöte, Wünsche, Hoffnungen reden, geschweige denn sich outen. Sie müssen „es" geheim halten, totschweigen. Es kommt zu mancher Lebenslüge. Ein schwuler Priester bekennt einen Monat, bevor er an Aids stirbt: „Ich habe eine Lüge gelebt. Niemand hat mich wirklich gekannt. Und nun muss ich sterben, ohne dass mir erlaubt wurde, zu leben." Es steht so mancher Priester am Altar und denkt: Wenn die anderen wüssten ... Zwei Rucksäcke zu tragen, ein Doppelleben zu führen, das kostet Kraft. Nicht nur in Kirchenkreisen haben viele Schwule und Lesben es schwer. Auch die eigenen Familienangehörigen können das Anderssein oft kaum akzeptieren. „Ich habe immer gewusst, dass du kein richtiger Mann bist", sagt der Vater zu seinem schwulen Sohn, der sich an seinem 30. Geburtstag outet. Und die Mutter sagt: „Dir fehlt nur die richtige Freundin."

Sexualität lässt sich auf Dauer nicht unterdrücken, weil sie ganz wesentlich zum Menschen gehört. Und auch die sexuelle Abweichung erzeugt oft unglaublich viel Druck. So verkleidet sich ein Bürgermeister in der Mittagspause, um sich als Exhibitionist zu betätigen.

Jeden Tag gehen Millionen Männer zu Prostituierten. Viele Kunden sind angeblich „glücklich verheiratet". Die Frauen vom

Straßenstrich wissen, dass manchmal der Kindersitz noch im Auto steht. Auch die Freier der Stricher leben oft ein „normales" Leben. Und die „Jungs" auf dem Strich sind längst nicht alle schwul, so wie es auch Lesben gibt, die sich an Männer verkaufen. Und alle wandern sie hin und her, zwischen zwei Welten.

Andere sind bisexuell, schlafen mit Männern und Frauen und wissen nicht, wo sie sexuell hingehören. Manche entdecken in der Pubertät, dass sie im falschen Körper stecken. Männer fühlen sich als Frauen und umgekehrt. Im Gegensatz zu Transvestiten lehnen Transsexuelle ihr angeborenes Geschlecht ab. Ihr Körper ist ihnen fremd. Manche lassen sich „umbauen". Nach der Geschlechtsumwandlung bekommen sie einen neuen Namen, einen anderen Ausweis. Einige möchten auch eine neue Geburtsurkunde, damit sie richtig heiraten können.

Auch wenn wir zu den „Stinknormalen" gehören, *liebe Leserin und Leser*, leben auch wir in zwei Welten: in der virtuellen – und in der realen Welt. Und manchmal wissen wir nicht, in welcher von beiden wir wirklich zuhause sind.

Im Knast daheim

Als Gefangenseelsorger habe ich immer wieder Insassen zu ihrer Familie ausgeführt. Dabei landete ich schon mal in zwielichtige Lokale. Mehrmals habe ich einen Gefangenen zur Beerdigung begleitet. Einmal sprang mir ein Häftling am Grab seiner Mutter davon. Auch die Ausführung mit Georg werde ich nicht vergessen. Der 45-Jährige hatte lebenslänglich wegen Mordes an einer Prostituierten bekommen. Er saß nun schon seit 18 Jahren und es war das erste Mal, dass Georg wieder herausdurfte. Wir fuhren mit der S-Bahn ins Remstal, wo Georgs Betreuerin ein tolles Mittagessen bereitet hatte. Anschließend wollten wir noch ein wenig spazieren gehen, aber Georg sagte: „Ich möchte wieder heim." Obwohl er sich schon so lange auf den Ausgang gefreut hatte, war er doch froh, nach ein paar Stunden wieder „daheim" zu sein. Durch die lange Haft war die Welt *draußen* ihm beängstigend fremd geworden.

Es gibt Lebenslängliche, die nicht entlassen werden wollen. Sie wissen, dass sie nach den langen Jahren im Gefängnis sich in der „großen Freiheit" nicht mehr zurechtfinden. Im Altenheim können sie sich an die Fenster ohne Gitter und Türgriffe nicht gewöhnen.

Andere haben „lebenslänglich auf Raten". Sie verbringen 15–20 Jahre ihres Lebens hinter Gittern. Immer wieder werden sie rückfällig.

Viele kommen aus dem kriminellen Milieu nicht heraus. Vorbestrafte haben es schwer, in der bürgerlichen Gesellschaft wieder Fuß zu fassen. Viele haben keine Perspektive, sind arbeitslos, müssen von Hartz IV leben. Nach verbüßter Haft begehen sie bald wieder neue Straftaten und kommen erneut ins Gefängnis. Dort haben sie weniger Probleme als draußen, wo sie ständig auf die Mauer der Ablehnung stoßen. Im Knast dagegen sind sie unter Ihresgleichen,

haben einen Job, machen ihre Geschäfte, erzählen sich gegenseitig ihre Storys.
„Alt-Eingesessene“ geben mit ihrer „Karriere“ an und sind stolz, anderen Insassen etwas beibringen zu können. Viele Häftlinge sind von Kindesbeinen an ins Heim gekommen, wurden in allen möglichen Erziehungsanstalten groß gezogen. Das Leben in vergitterten Räumen, hinter verschlossenen Türen und Mauern mit hohem Stacheldraht scheint ihnen nicht viel auszumachen. Der Knast gibt ihnen ein Stück Heimat.
Viele Inhaftierte aber erleben die Haft als Hölle. Nicht umsonst ist die Suizidrate unter Gefangenen mindestens viermal so hoch wie bei Menschen in Freiheit. Dass so viele Eingeschlossene zum Sterben entschlossen sind, hängt sicher auch mit den Haftbedingungen zusammen. Wer bis zu 23 Stunden am Tag in der Zelle eingesperrt ist, fühlt sich wie ein Paket im Schließfach oder wie ein Tier im Käfig. Unzählige Gefangene werden zu dritt oder zu viert in einem beklemmend engen Haftraum eingepfercht und liegen hautnah nebeneinander. Und in der Ecke steht oft noch das Klo. Im „Wohn-Klo“ sind die Insassen einander ausgesetzt, dem Zellen-Boss ausgeliefert; er bestimmt das Fernsehprogramm und vieles andere mehr. Den Luxus, ein paar Schritte auf und ab zu gehen, kann einer sich nur leisten, wenn die anderen im Bett liegen. Von wegen Kuschelknast!
Eine Einzelzelle ist nur wenigen vergönnt. Viele Einzelzellen sind doppelt belegt, fast alle Anstalten überbelegt. Die meisten Tiere sind humaner untergebracht. Der Affe im Zoo kann froh sein, dass er dort seinen Käfig hat.
Nicht nur die menschenunwürdige Unterbringung, auch der Verlust jeglicher Privatsphäre macht vielen Insassen schwer zu schaffen. Sie haben das Gefühl, dass sie ihr Ich auf der Kammer abgegeben haben – zusammen mit ihrer Kleidung. In den Anstaltsklamotten ist der Einzelne nur noch eine Nummer, bewacht, verwaltet, verwahrt – rund um die Uhr. Tagein, tagaus, jahrein, jahraus.

Die Häftlinge werden versorgt, sie bekommen ihr Essen auf die Zelle gebracht, die Wäsche wird gemacht – das ist wie Vollpension. Sie müssen keine Verantwortung übernehmen, werden regelrecht entmündigt, lebensunfähig gemacht. Viele Insassen verlieren völlig den Kontakt mit der Außenwelt. Sie wissen kaum noch, was „draußen“ abgeht. Im Sitzen sollen sie das Stehen lernen, das Leben in Freiheit bestehen lernen. Wie soll das gehen? Schwimmen kann man doch auch nicht im Trocknen lernen. Durch die Haft kommt es oft zu einem starken Realitätsverlust, die Haftschäden sind groß – nicht erst nach achtzehn Jahren!

Während ich diese Zeilen schreibe, höre ich, dass Reinhold gestorben ist. Seine Mutter sitzt wieder einmal im Frauengefängnis „Gotteszell“, ein ehemaliges Kloster der Dominikanerinnen in Schwäbisch Gmünd. Dort hat sie 1965 Reinhold hinter Gittern zur Welt gebracht. „Als meine Mutter mich nicht mehr stillte, wurde ich von ihr weggenommen und kam ins Kinderheim Ellwangen. Ich hatte noch vier Geschwister. Viel Stress, viel Streit, viel Hunger. Das Klauen hat uns unsere Mutter beigebracht. Mit 11 war ich schon 17: Ich habe schon geraucht und meine eigene Zigarettenschachtel in der Tasche gehabt. Mit 12 hatte ich die erste Alkoholvergiftung. Mit 13 der erste gemeinsame Raub. Mit 15 saß ich bereits in der Kiste. Mit 17 lag ich mit meinem Vater zusammen im Gefängniskrankenhaus Hohenasperg. Im Knast bin ich groß geworden. Mit meinen 43 Jahren habe ich 26 Jahre Knast auf dem Buckel. Das ist Fakt.“ Dass Reinhold nicht hinter Gittern gestorben ist, sondern draußen, gibt nicht nur seiner Mutter ein wenig Trost.

Reinhold hätte sich in Stuttgart-Stammheim stellen sollen. „Aber ich bin doch nicht verrückt. Ich gehe doch nicht freiwillig in den Knast.“ Und so hat er sich auf den Weg ins Ausland gemacht. Ich hoffe, dass Reinhold sich inzwischen dort befindet, wo es keine Mauern und Gitter mehr gibt und er endlich frei ist.

Schlüsselfiguren

Petrus, du warst im Gefängnis, im Kerker angekettet. Die Ketten, mit denen du in Jerusalem und Rom gefesselt warst, sind aufbewahrt in der Basilika San Pietro in Vincoli in Rom. Wie viele Kirchen gibt es allein schon in Rom, die deinen Namen tragen! Du bist die tragende Säule, die Schlüsselfigur. Deine Nachfolger liegen längst nicht mehr in Ketten. Wie Kaiser haben die Päpste sich selbst mit Ketten behängt. Nicht nur die Renaissance-Päpste lebten in Prunk und Pracht. Aber immer ist der Papst auch ein Gefangener geblieben. Bis heute.

In den Gemächern des päpstlichen Palastes wird er ständig umzingelt von wichtigen Würdenträgern. Und draußen kann er sich erst recht nicht frei bewegen. Im Papamobil wird der Papa durch die Menschenmenge gefahren, auf beiden Seiten ein Meer von Händen, Gesichtern und anderen Körperteilen, rechts winken und lächeln, und links lächeln und wieder winken. Ein Kreuz zum Segen. Und wieder winken, lächeln und die rechte Hand hoch zum Segnen.

Ach Petrus, dein Nachfolger kann einem schon leidtun. Immer auf dem Präsentierteller. Nur in seinem Wohnzimmer kann der Arme mit sich allein sein.

Aber nicht nur der Vatikan ist ein Gefängnis. Überall leben Menschen hinter Mauern, gebaut aus Steinen der Angst. Wir mauern uns selbst ein, schließen uns selbst ein. Und noch ein Sicherheitsschloss und noch eine Alarmanlage und noch ein Warnsystem. Unsere Zellen sind schön tapeziert, wir haben Bier im Kühlschrank und dürfen sogar im eigenen Auto unsere Runden drehen.

Wie weit wir aber auch fahren, wir nehmen unser Gefängnis überall mit. Wir können nicht aus unserer Haut, nicht ausbrechen aus unserem Ich. Wir können nicht so, wie wir wollen. Pflichtgefühl und Moral engen uns ein. Wir sind eingeengt durch unsere Rollen, eingezwängt durch Zwänge und Verpflichtungen. Hinter unsichtbaren Mauern und Gittern leben wir. Ob wir deshalb so viel von Freiheit reden?

Wir sind längst nicht so frei, wie wir uns selbst einreden. Stimmt es, dass wir Menschen eigentlich gar keinen freien Willen haben und sich zum Beispiel die Paarbildung aus einer Art genetisch determinierten Geruchsbildung ergibt? Bleibt uns letztlich nur die Wahl zwischen Omo und Persil? Wir können Ja sagen oder Nein. Und weil wir uns oft nicht entschließen können, sagen wir „Jein" oder „Jain".

Ja, das Leben ist ein Gefangensein. Hat es mich deshalb ins Gefängnis gezogen? Aber wenn ich selbst schon im Käfig sitze, warum gehe ich dann noch in den Knast? Leiste ich Gefangenen Gesellschaft, um selbst nicht allein in meinem Käfig zu sitzen? Ich denke, dass mein Einsatz für die Menschen hinter Gittern wohl auch ein Ausbruchsversuch aus meinem eigenen Knast war. Die Gefangenen haben mich angezogen. Ganz legal konnte ich im Knast mit Kriminellen verkehren und wurde dafür auch noch gut angesehen.

Möglicherweise bin ich auch ins Gefängnis gegangen, um meine Schuldgefühle abzutragen. Ich fühle mich den Pechvögeln gegenüber schuldig, die in der Lebenslotterie nicht so viel Glück hatten wie ich. Es ist nicht mein Verdienst, dass ich ein so gutes Los gezogen habe. Indem ich Straffälligen helfe, hoffe ich – vielleicht unbewusst –, mich von der Last des unverdienten Glücks zu entlasten. Im Gefängnis hatte ich das Gefühl: Da gehörst du hin. Dein Platz ist bei den Menschen hinter Gittern. Dabei habe ich mich im Knast oft schmierig gefühlt, weil ich nicht nur Sand, sondern auch Öl in der Vollzugsmaschinerie war. Du dienst einem System, das dir eigentlich zuwider ist. Böses mit Bösem zu vergelten, ist keine Hilfe, ebenso wenig wie das Wegsperren.

Auch der Seelsorger hat einen Schlüssel, ist ein Schlüsselträger. Die Schlüsselposition besetzen die Vollzugsbediensteten. Sie haben oft mehr Macht als der Gefängnisdirektor und sind die eigentlichen Schlüsselfiguren. Sie schließen morgens, mittags und abends zig Zellen auf und zu. Einschluss, Aufschluss, Umschluss … Nichts geht ohne die „Schließer“. Trotz ihrer Schlüsselrolle sind sie selbst Gefangene des geschlossenen Systems. Viele Bedienstete arbeiten dreißig, vierzig Jahre hinter der Mauer, haben zwei-, dreimal „lebenslänglich“ und schließen auch nachts im Traum noch Zellen auf und zu.
Petrus, du bist der Patron der „Schließer“ und weißt, wie hart ihr Dienst oft ist. Du weißt, wie viele Vollzugsbedienstete den Tag ihrer „Entlassung“ herbeisehnen. Hilf ihnen, die Knastjahre ohne Haftschäden zu überstehen.
Steh auch den Gefangenen in ihren Zellen bei. Ich weiß: Im Vergleich zu deinem Verlies ist die Haft heute ein Hotel. Du hast zwar keinen Zellenschlüssel, aber du kannst den Insassen einen Engel schicken, der sie innerlich frei macht.
Und befreie uns von allem, was uns „draußen“ gefangen hält. Wie viele kommen nicht aus dem Gefängnis ihrer Krankheit heraus. Ihre Gedanken, Sorgen, Ängste der Angehörigen kreisen immer nur um das Kranksein. Manche sind gelähmt und in ihrem Körper regelrecht eingeschlossen. Andere sind gefesselt an ihre Trauer, können sich aus ihrer Traurigkeit nicht lösen. Wieder andere sind seelisch krank und hoffen bei einem Psychologen oder Psychiater den Schlüssel ihres Leidens zu finden. Unzählige sind in ihrer Sucht gefangen und kommen nicht los von dem Stoff, der ihr Leben erträglich machen soll und es gleichzeitig zerstört. Einige sind eingesperrt im Kerker ihrer Selbstsucht. Nicht wenige hält Geldgier gefangen oder ein goldener Käfig oder ein geschlossenes Denksystem. Es gibt so viele Gefängnisse. Und auch am Arbeitsplatz werden Mitarbeiter beobachtet, belauscht, bespitzelt, überwacht.

Petrus, erlöse uns von unseren Fesseln und Ketten, sprenge die Mauern in unseren Köpfen, damit wir unbefangen aufeinander zugehen können. Und vergiss auch den Gefangenen im Palazzo Apostolico nicht. Er braucht dich ganz besonders. Petrus, klettere du mit ihm über die Mauer und leite du ihn zu den Schafen hin, die er verloren glaubt und die ihn zum Guten Hirten führen.

Himmelskomiker

Petrus, in der Apostelgeschichte (2,37) lese ich, dass deine Predigt die Zuhörer mitten ins Herz traf. Du hast Jesus auch selbst live erlebt und warst hautnah am Heiland dran. Du saßt neben ihm am Tisch, hast ihn reden hören, weinen und lachen sehen. Du hast ihn angefasst und er hat dich angerührt. Du warst Zeuge seiner Wunder und konntest Zeugnis ablegen wie kein anderer.

Unsereiner hat es viel, viel schwerer. 2000 Jahre danach ist Predigen ein mühsames Geschäft. Erst recht im Knast. Da stand ich sonntagmorgens immer auf weichen Knien vor den Gefangenen. Was soll ich ihnen sagen: Dass sie frei sein sollen? Pfaffengeschwätz.

In den Augen der Gefangenen kommt „der da vorne" von einem ganz anderen Stern. Der redet von Dingen, die völlig weltfremd sind. Nicht umsonst nennen sie den Pfarrer Himmelskomiker! Ist auch komisch in der Hölle vom Himmel zu reden und im Hause der Vergeltung Vergebung zu predigen.

Manche Gefangenen müssen lachen, wenn sie die Frohe Botschaft hören: *Selig, ihr Armen!* Wie viele sitzen denn hinter Gittern, weil sie arm sind!? Die Armen können sich keinen Anwalt leisten. Einige verbüßen eine Haftstrafe wegen Schwarzfahrens! Manche sind so arm, dass sie nicht einmal den Tagessatz von 5 Euro für ihre Ersatzfreiheitsstrafe aufbringen können. Wie viele werden für ihre Armut bestraft. Selig, ihr Armen!? Die Seligpreisung dem Gelächter preisgegeben.

Auch im katholischen Gottesdienst sitzen viele Protestanten, die lauthals protestieren und ihren Unmut freien Lauf lassen. Da kannst du keine Predigt vom Blatt ablesen; die Knastologen nehmen dir dein schönes Konzept aus der Hand, die Worte aus dem Mund. Es gibt Zwischenrufe und Zwischenfälle. Und zwischendurch werden ein paar Seiten aus dem Gesangbuch gerissen – erstklassiges Zigarettenpapier.

Da ruft einer mitten in der Predigt: „Sie reden da so schön von Vergebung und Versöhnung. Dann kommen Sie nach meiner Entlassung doch einmal mit mir mit. Dann werden Sie sehen, wie das ist mit Ihrer schönen Vergebung. Die Schuld wird einem buchstäblich nachgetragen. Gerade die Leute, die sonntags in die Kirche gehen, das sind die Schlimmsten. Die zeigen mit dem Finger auf jeden, der aus dem Knast kommt. Von wegen Vergebung, Versöhnung!"

Und ich höre immer noch, wie Rudi, ein Lebenslänglicher, heftig protestiert: „Sie predigen, dass Gott ein gnädiger Richter ist. Davon kann ich mir nichts kaufen. Mir wäre es lieber, dass mein Richter mich nach 24 Jahren endlich begnadigen würde." Auch das Murren und Rumoren der Gefangenen ist oft ein Ausdruck des Protestes. Manche sitzen mit verschränkten Armen da und zeigen so, dass sie sich verschließen für alles, was von da vorne kommt. Sie gähnen, um ihre Langeweile oder ihren Missmut kundzutun. Demonstrativ beten und singen sie nicht mit und weigern sich ausdrücklich, ein Gesangbuch oder Liedblatt in die Hand zu nehmen. Sie setzen sich in die letzte Reihe, setzen sich ab, von dem „Theater" da vorne.

Manche Gefangene benehmen sich in der Kirche so wie in der Kneipe. Und wenn dann noch einer Prost ruft beim Hochheben des Kelches …

Viele Gefangene kommen zum Gottesdienst, um sich mit Insassen von anderen Stockwerken oder aus anderen Häusern zu treffen. In der Knastkirche trifft sich wahrlich Gott und die Welt. Da sitzen verschiedene Nationalitäten in Grüppchen zusammen, da wird gebetet und gehandelt, allerlei Tauschgeschäfte werden gemacht: Geld gegen Drogen, Briefmarken gegen Tabak, drei Koffer gegen eine Bombe Kaffee. Drei Bomben gegen eine Uhr. Dreihundert Euro gegen ein Handy. Einer bekommt von seinem Kumpel ein Pornoheft zugesteckt, ein anderer besorgt sich ein paar Tranquilizer. Als Seelsorger im Gefängnis kannst du leicht das Gefühl bekommen, nur Placebos zu verteilen. Hier ein gutes Wort, dort eine kleine Ermunterung, hier ein wenig Zuspruch, dort ein bisschen Trost, um die Gefangenen zu beruhigen. Aber was ist in unseren Beruhigungspillen eigentlich drin? Und ist auch der Gottesdienst nicht ein Beruhigungsmittel? Für manche ist der Knastpfarrer nur ein staatlicher Beruhiger und Tröster. *Tröster vom Dienst* wird der Himmelskomiker auch genannt.

Der Gottesdienst im Knast ist oft eine Zumutung. Es gehört Mut dazu, im Knast Lob- und Danklieder zu singen. Mehrmals hat mir meine Stimme versagt. Großer Gott, wir loben dich. Auch wenn es noch so falsch klingt, die Gefangenen können sich durch diesen *Kirchenhit* freisingen. Manchmal fliegen auch ein paar Gesangbücher hin und her. Oder es gibt eine Schlägerei. „Wenn dich einer auf die eine Backe schlägt, dann halte auch die andere hin." Das soll wohl ein Witz sein.

Wer die Störer zur Ruhe ruft, bekommt schon mal zur Antwort: „Warum sollen wir ruhig sein? Die Jünger haben beim letzten Abendmahl auch geschwätzt. Und das hat Jesus auch nicht verboten." Was willst du da noch sagen, Petrus? Du kannst froh sein, dass du an der Himmelstür stehst und nicht als Himmelskomiker im Knast deinen Mann zu stehen hast.

Trotzdem möchte ich die Zeit im Gefängnis nicht vermissen. Sie hat mich geprägt. Im täglichen Umgang mit den Gefangenen habe ich einen anderen Blickwinkel bekommen und gelernt, mich mit anderen Augen zu sehen. Durch die Brüder im Knast habe ich meinen dunklen Bruder wahrgenommen.

Die Häftlinge im Gefängniskrankenhaus Hohenasperg haben mich Jesus nähergebracht als die gelehrten Theologieprofessoren. In der Beruhigungszelle ist mir der nackte Jesus auf der Gummimatratze begegnet. Und bei manchem Zellenbesuch habe ich Jesus selbst sagen hören: Ich war gefangen und du bist zu mir gekommen. Da war ich ganz nahe an Jesus dran, fast so nahe wie du damals, Petrus.

Auf-geschlossen

In meinem Geburtsort Lommel bist du auch zuhause, Petrus, in der „Sint Pieterskerk“. Da bist du nicht zu übersehen. Und während ich zu dir hinaufschaue, fängst du plötzlich an, mit mir zu reden. Ich traue meinen Ohren nicht:

„Ich gebe meinen Schlüssel zurück. Mir reicht's! Sicher wird man wieder sagen: Typisch Petrus, dieser Hitzkopf. Aber mir reicht's! Ich will nicht länger einer Kirche dienen, die zu einer Wach- und Schließgesellschaft geworden ist. Eine Kirche, die sich vor allem als Wächterin der Moral versteht und nicht als Künderin der Frohen Botschaft Jesu! Wie oft wurde von der Kanzel die Drohbotschaft gepredigt! Glaub mir, so manche Höllenpredigt hat mich fast vom Sockel gehauen.

Ich gebe meinen Schlüssel zurück, denn ich kann nicht länger ertragen, wie viele Gläubige ausgeschlossen werden: kritische Theologen, mutige Bischöfe, Priester, die eine Frau lieben und zu ihrem Kind stehen, wiederverheiratete Geschiedene ... Die Kirche ist vielfach nur noch eine geschlossene Gesellschaft, in der Frauen und Verheiratete von den Ämtern ausgeschlossen werden. Dabei war ich selbst doch auch verheiratet wie auch die meisten anderen Apostel. Und wie viele Jüngerinnen gehörten zum engeren Kreis Jesu!“

Ja, Petrus, und heute kann, darf eine Frau nicht einmal Diakonin werden, und die Frauen, die sich von einem alt-katholischen Bischof zum Priester haben weihen lassen, wurden exkommuniziert. Die höchste kirchliche Strafe!

„Strafen, ausschließen, ausgrenzen. Nein, dafür ist Jesus nicht gestorben. Nein dafür nicht! Gerade weil Jesus die Ausgeschlossenen, die Ausgesonderten, die Ausgestoßenen wieder in die Glaubensgemeinschaft eingliedern wollte, wurde ‚der Freund der Sünder' ans Kreuz geschlagen. Jesus wollte keine exklusive Gesellschaft. Alle hat er eingeladen und keinen zurückgestoßen."

Und was tun wir Katholiken heute? Den evangelischen Schwestern und Brüdern wird die Kommunion, die Gemeinschaft mit dem Herrn, verweigert. Wann werden wir denn endlich begreifen, dass Christus selbst es ist, der *alle* einlädt? Wann, wenn nicht jetzt? Wann werden wir endlich damit aufhören, in getrennte Kirchen zu gehen? Doch wie sollen wir zueinander kommen, wenn der Pontifex, der Brückenbauer, Mauern baut und der evangelischen Kirche abspricht, Kirche zu sein?! Das Primat des Papstes mit seiner angeblichen Unfehlbarkeit ist das größte Hindernis auf dem Weg zur Einheit aller Christen.

„Ach ja, dann bin ich auch noch Schuld an der Trennung. Ein Grund mehr, dass ich die Schlüssel zurückgebe. Mir reicht's!"

Petrus, ich bitte dich, behalte deinen Schlüssel auch weiterhin in Händen. Denn damit forderst du die Kirche auf, eine *Auf*wach- und *Auf*schließgesellschaft zu sein. Wacht auf, ihr Christen, aus dem Schlaf der Sicherheit! Wacht auf aus eurer behaglichen Bürgerlichkeit! Wacht auf und kehrt um, ihr, die ihr andere bekehren möchtet!

Schließt eure Kirche auf, damit alle sich bei euch zuhause fühlen können: die Gescheiterten, die Armen, die Bettler, die „Penner" und die Punks, die Schwulen und Lesben, die Alkies und Junkies, die Stricher und die Straßenmädchen ... Alle. Allumfassend. Das bedeutet doch katholisch: alle umfassend. Stattdessen pflegen wir weiterhin die kleinliche Konfessionalität.

„Ja, das wäre wohl das Letzte, was ich an der Himmelspforte frage: Bist du evangelisch oder katholisch?"

Aber hier auf Erden tut jede Konfession so, als ob sie die allein selig machende sei. Im Religionsunterricht werden Kinder von ihren

Freunden getrennt. Beide Kirchen haben immer noch ihre eigenen Hilfswerke, als ob menschliches Leid teilbar wäre. Ach Petrus, ich träume immer noch von einer Kirche, die offen ist für alle. Eine Kirche, wo sich Gott und Welt trifft, eine Kirche ohne Berührungsangst, ohne Vorurteile, eine aufgeschlossene Kirche.
In Jesu Namen bitte ich dich, Petrus: Gib deinen Schlüssel nicht aus der Hand! Zeige entschlossen deinen Schlüssel, damit die Kirche weiß, wozu sie da ist: den Menschen die Frohe Botschaft zu erschließen. Jeder und jedem soll schon auf Erden das Himmelreich geöffnet werden. Keiner ist ausgeschlossen. Dafür stehst du, lieber Petrus – mit dem Schlüssel.

Auf der Straße zuhause

Im Gefängnis habe ich einige Männer kennengelernt, die froh waren, in den Knast zu kommen, weil sie dort ein Bett hatten. Immer mehr Menschen sind bei uns obdachlos. Sie stehen am Bahnhof herum, sitzen bettelnd in der Fußgängerzone, ein hartes Pflaster. Und nachts liegen viele buchstäblich auf der Straße. Ein Obdachloser hat mir einmal gesagt: Ein Auto müsste man sein. Der Satz sitzt. Als Auto hätte man es schön warm und müsste nicht frieren. Man hätte einen schönen Platz in der Garage, könnte im Parkhaus übernachten. Als Mensch aber darf man nachts nicht in die Tiefgarage, man muss draußen bleiben. Eiserner Vorhang.

Viele Menschen auf der Straße verbringen die Nacht auf einer Baustelle, in einem Hinterhof, auf irgendeiner Bank. Und keiner verrät dem anderen, wo er Platte macht. Auch viele Frauen wissen nachts nicht, wohin. Manche gehen mit jedem mit heim. Hauptsache ein Dach über dem Kopf. Das müssen sie oft teuer bezahlen. Aber es gibt doch auch Frauenpensionen, Männerwohnheime, Notunterkünfte, Container … Dort sind oft drei bis vier (betrunkene) Personen zusammen in einem Zimmer untergebracht, das nicht abgeschlossen werden kann. Diebstahl, Übergriffe, Schlägereien sind an der Tagesordnung. So bleiben nicht wenige Obdachlose lieber für sich allein und suchen sich einen Platz, wo sie Platte machen können. Für andere kommt eine Notunterkunft nicht in Frage, weil sie sich dann von ihrem Tier trennen müssten. Ihr Herz hängt an ihrem Hund. Er ist ihr Partner.

Notunterkunft ist ein schönes, beschönigendes Wort für das Loch, in dem Wohnsitzlose hausen. Da kann kein Mensch wohnen. Und so leben viele Männer und Frauen aus Notunterkünften tagsüber auf der Straße. Sie treffen sich an bestimmten Plätzen, hinter dem Bahnhof, im Stadtpark, unter der Brücke. „Die Paulinenbrücke ist unser Wohnzimmer", sagten die Stuttgarter Frauen und Männer von der Straße. Aber inzwischen wurden sie aus ihrer guten Stube verjagt. Die Vertreibungspolitik der Elenden ist überall die Gleiche: Platzverweise, ständige Polizeikontrollen ... Dort, wo man mehrmals am Tag gefilzt wird, seinen Ausweis vorzeigen muss, geht man auf Dauer nicht mehr hin, auch wenn sich dort die „Familie" trifft. Sich nirgends aufhalten zu dürfen, keine Daseinsberechtigung zu haben, ist für die Menschen von der Straße oft viel schlimmer, als ohne Obdach zu sein.

Zum Glück gibt es wenigstens Wärmestuben, Suppenküchen, Vesperkirchen, Tagesstätten ... Dort fühlen sich Obdach- und Wohnsitzlose zuhause und bekommen ein warmes Essen, ein Lächeln, ein gutes Wort. *Ein gutes Wort gibt Wärme für drei Winter*, weiß man in Russland.

Viele Menschen sind auch froh, wenn sie sich im Haus Gottes ein wenig ausruhen können. Manche sind so müde, dass sie ein Nickerchen machen oder sich auf einer Bank hinlegen. Warum bleiben die Kirchen nicht auch nachts offen? Dann müsste niemand auf der Straße schlafen und keiner würde mehr vor der verschlossenen Kirchentür erfrieren.

Nicht nur im Winter ist das Leben auf der Straße hart und gefährlich. Manche werden nachts getreten, zusammengeschlagen, von Rechtsradikalen, schwarzen Sheriffs, von Polizisten. Und immer wieder kommt es zu Gewalt zwischen den Obdachlosen untereinander. Viele versuchen, sich mit Betteln über Wasser zu halten. Es gehört einiges dazu, sich am Rand hinzuhocken und zu warten, bis dir einer etwas in den Becher wirft.

Die Hand ausstrecken und die Passanten richtig anbetteln, das schaffen nicht viele. Wer eine Sitzung macht, bekommt einiges zu hören. Und wie die Passanten einen anschauen – so, als wärest du eine Beleidigung für ihre Augen! Die meisten aber gönnen dem „Penner“ keinen Blick und laufen an ihm vorbei. Was sollen sie auch tun? Geld geben? Die versaufen es doch nur.

Allerdings weiß ich nicht, ob ich es nüchtern aushalten könnte, zusehen zu müssen, wie die Leute mit ihren vollen Tüten an mir vorbeirennen, wie sie aus den Kaufhäusern kommen, ins Theater gehen, ins Kino, in die Kneipe, ins Restaurant. Und überall stehe ich draußen vor der Tür.

Viele Männer und Frauen, die auf der Straße leben, haben eine kaputte Leber oder sind sonst schwer krank. Die meisten werden nicht alt. So mancher stirbt auf der Straße. Einer von ihnen hieß Hieronymus. „In dieser Stadt war kein Raum für ihn.“ Diese Todesanzeige wollte die Ludwigsburger Kreiszeitung nicht drucken, weil das als Anklage gegen die Verantwortlichen der Stadt hätte verstanden werden können.

Was bleibt? Der Trost der Elenden. Der arme Lazarus wird von Gottes Engeln direkt in den Schoß Abrahams getragen. Es fragt kein Gott, ob er fromm war oder sonntags in die Kirche gegangen ist. Er war arm. Das genügt. Im Übrigen sind die armen Schlucker oft genug zu arm, um fromm zu sein. Trotzdem stehen die Menschen am Wegesrand Jesus oft viel näher als wir. Sind die Armen nicht wie die Vögel am Himmel: Sie sammeln keine Vorräte, besitzen keine Rücklagen?! Viele leben von dem, was abfällt. Sie essen Lebensmittel, die verfallen sind. Und vielleicht ist auch im Abfalleimer noch etwas Brauchbares drin. Obdachlose fühlen sich oft als Abfall, als Wohlstandsmüll.

Wenn sie sterben, werden sie billigstmöglich entsorgt. Ab in den Ofen. Aber erst einmal die leidige Frage: Wer zahlt? Das Sozialamt ist nur zuständig bis zum Ableben des Klienten. Und wenn die bestattungspflichtigen Angehörigen selbst von der Stütze leben, bleibt der Arme so lange auf Eis liegen, bis die

Kostenfrage geklärt ist. Eiskalt. Und zu guter Letzt kommt die Asche in ein anonymes Grab. Kein Kreuz, kein Name, nichts erinnert an den Menschen, der da irgendwo unter dem Rasen liegt. So bleibt nur die Hoffnung, dass sein Name für ewig in der Hand Gottes geschrieben steht und es im Hause des Vaters tatsächlich viele Wohnungen gibt.

Ein Obdach für die Seele

Der Mensch lebt nicht vom Brot allein. Dorothee Sölle fügt hinzu: *Der Mensch stirbt sogar am Brot allein.* Von Toastbrot können wir nicht leben. Wir brauchen Schwarzbrot für die Seele. Unser Hunger nach Leben können wir mit vollen Kühlschränken und Gefriertruhen nicht stillen. Wir brauchen geistige Nahrung: Lektüre, Musik, Theater, Film. Leben ist mehr als Überleben. Leben ist mehr als Existieren. Das Existenzminimum lässt keinen verhungern, aber zum Leben reicht es nicht.

Wir brauchen mehr als ein Dach über dem Kopf. Wir brauchen das Gefühl, geborgen, geschützt zu sein, gerade dann, wenn die Stürme toben. In einer liebevollen Beziehung ist einer das Schutzdach des anderen. Es tut gut, zu wissen: Egal, was passiert, der Mensch neben mir, der bleibt bei mir, der verlässt mich nicht.

Lieber Leser, liebe Leserin, vielleicht hast auch du das Glück, einen Menschen an deiner Seite zu haben, auf den du dich voll und ganz verlassen kannst. In seinen Armen spürst du, dass du angenommen, geliebt bist. Die sogenannte körperliche Liebe tut auch der Seele gut. Ich mag sein, wie ich will, aber ich werde geliebt. Gott hat uns Arme gegeben, damit wir einander umarmen.

Am Ursprung unseres Daseins waren wir schon Umarmte, umarmt von den Innenwänden des Mutterleibes, in dem wir behütet waren. Die Geburt muss ein gewaltiger Schock gewesen sein. Wir wurden aus der wärmenden Nähe des Mutterschoßes herausgestoßen und mussten stundenlang ohne Hautkontakt mit unserer Mutter in unserem Bettchen liegen. Als wir dann auf eigenen Beinen standen,

haben wir uns immer weiter von der Mutter entfernt. Aber die Sehnsucht nach umhüllender Wärme, Geborgenheit, Nähe ist geblieben.
Trotz Treibhauseffekt und Erderwärmung wird die Welt immer kälter. Der Wärmeverlust unter den Menschen ist groß, die soziale Kälte nimmt zu. In unserer Gesellschaft werden jene idealisiert, die kalt sind, kein Mitleid, kein Mitgefühl kennen. Cool sein heißt die Devise. Auch die zwischenmenschlichen Beziehungen werden immer kälter. Selbst zwischen Ehepartnern ist der Umgang oft sehr kühl. Keine Berührung, kein Streicheln, keine Zärtlichkeit, kein wärmendes Wort. Wie viele Menschen frieren innerlich, hungern nach ein wenig Wärme, nach Nähe.
Nähe tut not in einer Zeit, in der wir zwar immer näher beieinander wohnen, aber oft nicht einmal mehr unseren Nachbarn kennen. Der Mensch, der Wand an Wand mit uns wohnt, ist weit weg. Gleichzeitig nehmen wir übers Internet Kontakt auf mit Menschen am anderen Ende des Planeten. Jeder kann an Tagebüchern teilhaben und digitale Poesiealbums lesen, kommentieren. Man tauscht sich aus, verabredet sich, flirtet ... Die Websites geben den Nutzern Geborgenheit, die Illusion, nicht allein zu sein. Manche verzeichnen 300 Freunde auf ihrer Seite.
Trotz weltweiter Kontakte sind viele sehr einsam. Das Datennetz ist kein Netz fürs Leben. Von Chatten, Simsen, Mailen, Surfen, Twittern können wir nicht leben. Wir brauchen Menschen, die uns anfassen, anschauen, ansprechen. Menschen, die uns von Angesicht zu Angesicht sagen: „Gut, dass es dich gibt." – „Du weißt nicht, wie sehr ich dich liebe." – „Ich brauche dich." Solche Worte erfüllen uns mit Wärme, sind ein Schutzdach für die Seele.
Auch ein Gedicht, ein Schutzgebet, ein Bibelspruch, ein Kirchenlied kann eine Herberge sein, in der wir uns geborgen fühlen. Oder ein Lied aus Kindheitstagen: *Weißt du, wie viel Sternlein stehen an*

dem hohen Himmelszelt? … Gott, der Vater, hat sie gezählet … Heute hören wir, dass es hundert Milliarden Galaxien gibt mit je hundert Milliarden Sternen, so viele wie die Sandkörner an allen Stränden der Erde. Und die Erde selbst ist nur ein Körnchen, das irgendwo im unermesslichen Kosmos herumschwirrt. Wir sind heimatlos. Unser Heim zwischen Himmel und Erde ist verwüstet. Wir haben kein Dach mehr über dem Kopf. Das Himmelsgewölbe bietet uns kein Obdach mehr.

Damals, als wir noch Kinder waren, konnten wir noch aus vollem Herzen singen: *Der Mond ist aufgegangen, die goldnen Sternlein prangen am Himmel hell und klar … Seht ihr den Mond dort stehen? Er ist nur halb zu sehen und ist doch rund und schön. So sind wohl manche Sachen, die wir getrost belachen, weil unsere Augen sie nicht sehen.*

Inzwischen wissen wir, dass es lächerlich ist, sich nur auf die Augen zu verlassen und nur zu glauben, was wir sehen. Das Wesentliche bleibt dem Auge verborgen. Und so können auch wir, große Kinder, mit unserem aufgeklärtem Weltbild getrost weitersingen: *Gott, lass dein Heil uns schauen, auf nichts Vergängliches trauen, nicht Eitelkeit uns freun; lass uns einfältig werden und vor dir hier auf Erden wie Kinder fromm und fröhlich sein.*

Auch als Erwachsene haben wir nicht aufgehört, Kind zu sein. Immer wieder rührt sich das Kind in uns. Und wären wir nicht froh, unseren kindlichen Glauben noch zu haben, das schützende Dach über uns?

Ist es nicht schön, wie die kleine Melanie beim Tod ihres Papas seine Eltern tröstet: „Seid doch nicht so traurig. Mein Papa ist jetzt im Himmel. Dort geht es ihm ganz gut!"

Wir sprechen vom naiven Glauben und möchten wissen, wo der Himmel denn ist. Die Seele findet man auch nirgends. Und dennoch ist sie unser innerster Kern, der uns ich sagen lässt. Es ist die Seele, die uns Identität, Bewusstsein verleiht. Gerade in unserer westlichen Welt, wo das Leben fast ausschließlich auf materielle Erfüllung ausgerichtet ist, kommt das Seelische oft zu kurz.

Menschen, die scheinbar alles haben, leiden unter Angst. Was fehlt ihnen? Viele körperliche Erkrankungen sind seelisch bedingt, haben ihren Grund in einer Seele ohne Obdach.

Unser treuester Gefährte

Vor Kurzem sagte mir Suzy, etwa so alt wie ich: „Ich schaue mich ohne Brille im Spiegel an. Da sehe ich mich nur verschwommen. Wie ich richtig aussehe, möchte ich lieber nicht sehen!"

Ohne Humor ist der Anblick im Spiegel nicht zu ertragen. Humor ist, wenn man trotzdem lacht, trotz seiner Falten, Furchen, Tränensäcke. Trotzen wir unserem Gegenüber ein Lächeln ab. Lächeln wir mit den dreizehn Gesichtsmuskeln unserem Spiegelbild gefälligst zu, auch wenn es uns zum Heulen ist. Trainieren wir täglich die Lachmuskeln, am besten mit einem Bleistift zwischen den Zähnen. Machen wir am Ende der Übung ein paar Grimassen und ziehen wir eine freundliche Fratze. Wenn wir über uns selbst nicht mehr lachen können, sehen wir alt aus.

Es soll Menschen geben, die können sich nicht mehr sehen. Sie verändern ihr Aussehen, verlieren ihr Gesicht. Sie lassen ausradieren, was das Leben ihnen ins Gesicht geschrieben hat. Das glatte Gesicht ist ausdruckslos, ein leeres Blatt; es enthält nichts vom gelebten Leben.

Das Leben geht nicht spurlos an uns vorüber. Das spüren wir mit zunehmendem Alter. Wehwehchen, Beschwerden, Gebrechen, Zipperlein … Damit lernen wir leben. Und wenn wir einmal zum Arzt gehen, fragt er uns: Was fehlt Ihnen? Was für eine Frage! Was fehlt Ihnen? Wir gehen doch zum Arzt, um von ihm zu erfahren, was wir haben. Oder verbirgt sich hinter dieser Frage die Weisheit, dass jeder sein eigener Arzt ist und jeder selbst am besten weiß, was ihm fehlt?!

Wir sind mit unserem Körper vertraut. Wir wohnen in ihm und er ist an uns gewohnt, auch wenn vieles für ihn gewöhnungsbedürftig ist: das Gift in der Nahrung, die vielen Schadstoffe in der Luft, die innere Unruhe ... Was uns fehlt, ist die Ganzheit, die Einheit zwischen dem „Bruder Esel, dem Leib“ (Franz von Assisi) und der Seele.

Nicht nur Frauen, auch immer mehr „reifere“ Männer lassen sich mit Injektionen die Haut straffen. Auch wenn wir solchen Blödsinn nicht mitmachen, tun wir einiges, um jünger auszusehen. Wir kleiden uns wie die Jungen, tragen Jeans, föhnen und färben, tönen und tuschen, vertuschen unser Alter. Wo ist die Grenze zwischen Nichtmehr-jung und Noch-nicht-alt? Vierzig, fünfzig, sechzig, siebzig Jahre? Nicht die Jahre zählen, machen wir uns weis, sondern das gefühlte Alter. Die Kids sind da weiser. Für sie sind wir Gruftis, reif für die Gruft. Mit zunehmendem Alter kommen wir dem Grab näher, aber irgendwie glauben wir, der Todesgrenze entweichen zu können. Auch ich habe mich schon mehrmals bei dem Gedanken ertappt: Alle müssen sterben, nur ich nicht.

Alles, was an unsere Sterblichkeit erinnert, wird weggespritzt, weggewalkt, weggejoggt, wegmedikamentiert, weggeschluckt, weggeschnitten, weggeredet, weggedrängt. Ich sehe weg. Mein Leib ist übersät mit Altersflecken. Der Urinstrahl wird schwächer. Prostatakrebs kommt näher. Das Leben ist eine schleichende Krankheit zum Tode. Das kränkt uns, die wir immer gesund bleiben möchten. Aber ist die tödliche Krankheit des Lebens nicht auch Heilung?

Der Tod heilt uns Menschen von unseren Allmachtsfantasien und unserem Machbarkeitswahn. Es ist heilsam, dass wir sterben müssen. Denn würden wir ewig leben, könnten wir gar nicht verstehen, welch ein Wunder das Leben ist. Ohne den Tod würde uns etwas fehlen: der Sinn des Lebens. Auch wenn es der Medizin gelingt, das Leben immer weiter zu verlängern, beträgt die Todesrate weiterhin einhundert Prozent. Humor ist, wenn man trotzdem lacht. *Ausländer sterben grundsätzlich alle, Frauen oft und gerne, Männer selten.*

Wenn wir dem Tod schon nicht entgehen können, versuchen wir, wenigstens das Verfalldatum immer weiter hinauszuschieben. 60 – das ist doch noch kein Alter. Mit 66 Jahren fängt das Leben erst an. Mit 70 fangen manche an, Skatebord zu üben, 75-Jährige legen sich auf dem Motorrad noch in die Kurve. Mit 80 wird noch geheiratet … Das Alter schützt vor Torheit nicht. Da posiert eine Dame im Alter von 84 Jahren im Bikini für einen Fotografen. Sie vergleicht den menschlichen Körper mit einem Fahrzeug. „Tankt man jahrelang falsches Benzin und pflegt den Lack nicht, wird auch kein klasse Oldtimer draus."

Mit allen möglichen Mittelchen und Wässerchen wird der Body gepflegt, gestylt, wie der Mann, der seine Alu-Felgen poliert. Das eine Aftershave Produkt wird als Ferrari angepriesen, das andere soll der Rolls Roys sein. In unserer Fantasie und in unserer Sprache fährt das Auto automatisch mit: In die Gänge kommen, Gas geben, auf etwas abfahren, auf achtzig bringen, der hat ein Rad ab, die Luft ist raus, darüber hinwegfahren, unter die Räder kommen, ein ziemlich abgefahrener Typ. Das Auto als Archetyp des Selbst = Auto.

Auch im Rentenalter fahren wir weiter. *Retirement*, das englische Wort für Sich-zur-Ruhe-Setzen, könnte man auch mit „neue Reifen aufziehen" übersetzen. Aber auch neu bereift ist unser Fahrzeug im Alter längst nicht mehr so spritzig. Wir fahren viel langsamer, während die Jungen uns im Cabrio überholen. Nicht nur unser Motor zeigt Verschleißerscheinungen. Manche brauchen einen Austauschmotor. Die Zündanlage ist schon lange nicht mehr das, was sie einmal war. Der Auspuff bekommt Risse. Der Lack ist ab. Rostflecken. Manches Teil muss ausgetauscht werden. Die Ersatzteile sind teuer. Hauptsache, das Auto fährt noch. Es sind immer mehr Oldtimer unterwegs. Und in Zukunft werden es noch viel mehr sein.

Neugeborene haben heute eine Lebenserwartung von 120 Jahren. Schöne Aussichten. Noch mehr Stau. Noch weniger Parkplätze. Noch teurere Benzinpreise. Noch mehr Geisterfahrer …

Der Mensch als Fahrzeug. Der Vergleich hinkt. Denn unser Fahrgestell steht nicht auf vier Rädern, sondern auf zwei Füßen. Unsere Karosserie, unser Organismus steht und fällt mit unseren Füßen – eine fantastische anatomische Konstruktion mit einer Menge Muskeln und Knochen. Es mag schönere Körperteile als die Füße geben, aber sie bilden die Basis, auf der wir stehen. Unsere Füße tragen alle Organe in sich. Darum tut uns eine Fußreflexzonenmassage so gut.

Liebe Leserin und Leser, wie findest du deine Füße? Ich hoffe, du hast schönere als ich. Mein Fußwerk ist stark deformiert. Mein zweiter Zeh liegt halb über dem großen – und dem dritten Zeh. Das ist bei jedem Ceelen so. Man erkennt ihn an seinen Füßen. Und meiner Mutter habe ich das starke Überbein an beiden Füßen zu verdanken. Meine Füße sagen mir, dass ich meinen Vater und meine Mutter in mir trage. Sie begleiten mich per pedes überall mit hin.

Über unsere Füße gelangen wir zur Weisheit. Sie lehren uns, dass das Leben ein langer Weg ist. Einem Weisen die Füße zu waschen, das war für seinen Schüler eine große Ehre. Meine Schweißfüße sind aller Ehren wert, aber wohlweislich wäscht sie mir niemand.

Auch wenn unser Körper auf noch so schwachen Füßen steht, er ist unser ältester Gefährte. Von Geburt an begleitet er uns auf all unseren Wegen. Wir nehmen unseren Körper überall mit hin. Und er verlässt uns nicht. Er ist ein zuverlässiger Wegbegleiter. Er sagt uns, wann wir Hunger haben, wann wir Schlaf brauchen. Unser Körper verteidigt uns, wenn wir von Feinden angegriffen werden. Seine Abwehrkräfte beschützen uns und sind ein wahres Wunderwerk.

Unser Körper muss eine Menge aushalten. Manches schlägt uns auf den Magen, geht uns an die Nieren. Unsere Leber hat täglich eine Menge Gift zu entgiften. Und was ist durch den Schlauch unseres

Darmes schon alles durchgegangen. 96 000 Kilometer Blutgefäße schlagen unaufhörlich auf dem Muskelrhythmus des Herzens, etwa 100 000-mal am Tag. Und wenn wir dann noch einen Stein auf dem Herzen haben …

Besonders bedrückend ist, vom Weggefährten verlassen zu werden. Unser Gefährt bleibt uns treu, bis dass der Tod uns scheidet.

Du kannst wählen

Als ich auf die Welt kam, war ich schon katholisch. Dafür kann ich nichts. In Belgien sind nahezu alle katholisch, so katholisch wie die Kartoffeln vom Niederrhein.

Zu unserer eigenen Geburt haben wir selbst auch nichts beigetragen. Wir wurden nicht einmal gefragt, ob wir geboren werden wollten. Ungefragt wurden wir in die Welt gesetzt. Manche hatten das Pech, zu einer schlechten Zeit zur Welt zu kommen. Ich bin zwar auch im Krieg geboren, aber Hunger habe ich nie gelitten.

Unseren Körper konnten wir uns auch nicht aussuchen. Nun aber sind die Beine zu kurz, die Hüften zu breit und die Ohren viel zu groß. Die Brust ist zu klein, die Arme zu lang. Und meine Nase, nein, die passt mir nicht. Wenn wir uns das passende Gesicht selbst hätten aussuchen können, wären wir vielleicht immer noch auf der Suche.

Wir wurden auch nicht gefragt, ob wir als Jungen oder Mädchen das Licht der Welt erblicken wollten. Gott sei Dank. Wenn ich „nur" ein Mädchen gewesen wäre, hätte ich wesentlich schlechtere Karten gehabt. Ich wäre wohl kaum aufs Gymnasium gekommen. Und als berufstätige Mutter von zwei Kindern hätte ich oft ein schlechtes Gewissen gehabt.

Die Familie, in die ich hineingeboren wurde, habe ich mir auch nicht ausgewählt. Wenn ich meine Eltern hätte aussuchen können, ich weiß nicht … Aber vielleicht waren es für mich doch die Besten.

Dass ich nicht schwul bin, dafür kann ich nichts. Aber dadurch ist mir einiges erspart geblieben. Ich hätte den Satz wohl nie über die Lippen gebracht: Mama, ich bin schwul! Bei mir daheim galt auch: schwul = Pfui! Wer will schon Pfui sein?! Wer will schon freiwillig zu einer Minderheit gehören? Das sucht sich niemand aus.

Mein „Päckle“ habe ich mir selbst auch nicht ausgesucht. Aber ich kenne die Geschichte von dem Mann, der sich beim Herrgott über sein zu schweres Kreuz beklagte. Daraufhin führte der Herr ihn in einen Raum, wo alle Kreuze der Menschen aufgestellt waren, und sagte zu ihm: Wähle! Nach langem, langem Suchen fand er in einer Ecke endlich ein Kreuz, das ihm das Richtige schien. Es war nicht zu schwer, nicht zu lang, so richtig handlich, wie geschaffen für ihn. Dieses Kreuz wollte er in Zukunft tragen. Als er näher hinschaute, merkte er, dass es das Kreuz war, das er bisher getragen hatte.

Liebe Leserin, lieber Leser, stellen wir uns vor, Gott hätte uns in allem die freie Wahl gelassen und uns gesagt: „Du kannst deine Eltern, deine Geschwister selbst wählen, auch dein Geschlecht und deine sexuelle Vorliebe. Du kannst so leben, wie du willst und wo du willst. Und zu guter Letzt kannst du auch noch die Krankheit aussuchen, die zu deinem Tod führt.“ O Gott! Wäre das gemein! Prostatakrebs oder Gehirntumor, Leberzirrhose oder Aids. Pest oder Cholera. Die beste Krankheit taugt ja nichts.

Am Ende würden wir uns vielleicht doch für Alzheimer entscheiden, damit wir unseren eigenen Verfall nicht bewusst miterleben und nicht mitkriegen, wie das ersparte Geld für das Heim draufgeht!? Dem Demenzkranken bleibt einiges erspart. Aber der Lebenspartner muss schwer draufzahlen. Er erlebt mit, wie der Mensch an seiner Seite sich verändert, sich immer mehr in sich zurückzieht, unerreichbar wird. „Der Mensch, den ich liebte, gibt es nicht mehr.“

Es hat schon seinen Sinn, dass die Krankheit uns aussucht und uns die Qual der Wahl abgenommen wird.

Warum müssen wir überhaupt krank werden? Warum können wir nicht gesund sterben? Weil uns dann der Abschied vom Leben noch viel schwerer fiele.

Am allerliebsten wäre uns, wenn der liebe Gott so lieb wäre, jeden Einzelnen zu fragen: Wie hättest du es denn gerne? Wann möchtest du bitte schön sterben? Und überall bekäme er zu hören: dieses Jahr noch nicht, nächstes Jahr vielleicht. Inzwischen gäbe es 894 Milliarden Menschen, die wie Riesenschildkröten über die Erde laufen. Ohne uns, *liebe Leserin, lieber Leser.*

Mein Kraftraum

Bei mir zuhause kenne ich mich bestens aus, kann blind von einem Zimmer ins andere gehen. Alles ist mir vertraut. Ich weiß, wo was ist. Im Keller gibt es einem Raum, da gehe ich lieber nicht hinein. Da ist die Tür verschlossen. Dahinter liegen in einem dunklen Raum ein paar Dinge, die besser nicht ans Licht kommen. Ich habe sie weggesperrt und den Schlüssel weggeworfen.

Es gibt einen, der weiß, was sich da hinter der verschlossenen Tür verbirgt. Er kennt jeden Winkel meiner Dunkelkammer. Er weiß alles von mir. Vor ihm kann ich nichts verbergen, vor im brauche ich mich nicht zu verstellen. Ihm stelle ich mich und ich gestehe: „Ja, ich war es, der das getan hat. Ich stehe dazu. Dir gestehe ich meine Schuld." Beten ist Stehen vor Gott. Vor ihm stehe ich gerade. „Ich stehe vor dir mit leeren Händen, Herr", ist mein Lieblingslied.

Im Gottesdienst stehen wir miteinander vor Gott. Stehend bekennen wir unseren Glauben, beten das Vaterunser und das Schuldbekenntnis. Früher gab es in der Kirche keine Bänke. Die Leute sind nur gestanden, aufrecht gestanden und haben sich aufgerichtet am Auferstandenen.

Ich möchte stehen lernen. Einstehen, geradestehen, hinstehen, standhaft bleiben, nicht wanken, fest im Glauben stehen. Gerade weil ich so ein wankelmütiger Petrus bin, möchte ich stehen lernen. Stehen wurde uns nicht in die Wiege gelegt. Wie oft haben wir es als Babys versucht und sind wieder hingefallen. Und wieder aufgestanden. Unser erster Sieg bestand darin, dass wir freihändig stehen konnten. Fallen ist keine Schande, aber liegen bleiben. Immer wieder stehen wir auf.

Ist nicht unser aller Leben eine erstaunliche Auferstehungsgeschichte? Wir lagen schon schwer am Boden, aber irgendwie sind wir wieder auf die Beine gekommen. Wir saßen in einem tiefen Loch, doch wir sind wieder erstanden.
In jedem von uns steckt eine unbändige Kraft, die uns immer wieder aufstehen lässt. Trotz aller inneren Widerstände rappeln wir uns immer wieder auf.
Beim Aufstehen bleibe ich morgens ein wenig stehen. Ich danke Gott für den neuen Tag, den er mir schenkt. Und ich bitte ihn, mir zu helfen, aus dem Tag heute das Beste zu machen. Auch bitte ich ihn um die Kraft, den Menschen beizustehen, die einsam, krank, gefangen, verlassen sind.
Tagsüber spreche ich manchmal auch mit Gott. Ich danke ihm, klage ihm mein Leid, frage ihn, warum er sich nicht als Gott zeigt. Kannst du nicht? Willst du nicht? Ich bitte ihn: Herr, hilf meinem kleinen Glauben, meinem großen Zweifelglauben. Immer wieder werde ich von Glaubenszweifeln erschüttert. Ist die Zwiesprache mit Gott nicht ein naives Selbstgespräch? Ist das Gebet keine Selbsttäuschung, kein Selbstbetrug? Ist es nicht unvernünftig, mit jemandem zu reden, der keine Antwort gibt, der sich in Schweigen hüllt? Oder spricht er aus der Stille zu mir?
Viele Fragen, viele Zweifel. Trotzdem trete ich immer wieder in Beziehung mit meinem Gott.
Dadurch bekomme ich mehr Abstand zu mir selbst und fange an zu erkennen, was wirklich wichtig, wesentlich ist. Auch wenn sich durch das Gebet äußerlich nichts ändert, ändere ich mich; ich bekomme einen anderen Blickwinkel. Es gibt Dinge, die kann ich nicht ändern, aber ich kann sie anders sehen. Und das hilft mir das Unabänderliche anzunehmen.
Durch das Gespräch mit Gott werde ich innerlich stärker. Mir wachsen Kräfte zu, meine Schultern werden breiter. Ich kann mehr ertragen. Das Schicksal annehmen, sich beugen – das ist die

schwerste Übung. Denn immer wieder lehne ich mich auf, frage: Wieso, Weshalb? Warum? Sich beugen, von unten sehe ich eher, wozu das „Böse“ gut sein soll.
Beugen und Strecken. Ich strecke mich hoch hinaus, schaue hinauf. Das Transzendente zieht mich an, das, was das Begreifen übersteigt. Ich fühle mich zum Göttlichen hingezogen. Gleichzeitig zieht es mich nach unten, in die Tiefe, in den finsteren Keller meines Hauses. Es gibt einen, der kennt meine unterirdischen Gedankengänge, meine geheimsten Wünsche, meine unheimlichen Fantasien, meine nicht zu stillende Sehnsucht.
Gott weiß, wonach mein Herz sich sehnt. Er versteht, warum ich mich nirgends richtig daheim fühle und ich immer noch auf dem Weg zu mir nach Hause bin. Er geht mit mir tagein, tagaus, bis meine Sehnsucht ein Zuhause hat.
Bis dahin trete ich regelmäßig in meinen Kraftraum, übe mich im Beugen und Strecken und immer wieder im Stehen. Ich bleibe nicht immer stehen. Mein Bestehen ist begrenzt. Mit den Jahren werde ich hinfällig, krank, bettlägerig. Im Liegen warte ich auf den Tod. Und vielleicht schaffe ich es, bis zum letzten Atemzug stehen zu bleiben und aufrecht wie ein Baum zu sterben – mit ausgestreckten Armen.

Haus ohne Fenster

Wer Trauer trägt, wohnt im „Haus ohne Fenster“ (Hilde Domin). Er tappt im Dunkeln, weiß nicht mehr ein noch aus. Es ist, als ob das Haus leer wäre. Viele Trauernde haben den festen Boden unter den Füßen verloren, fühlen sich verloren. Sie erkennen sich selbst nicht wieder. „So habe ich mich selbst noch nicht erlebt. Ich bin nicht mehr ich. Ich kenne mich bei mir selbst nicht mehr aus.“ – „Ich tue Dinge, die ich selbst nicht verstehe. Ich rufe meinen Mann auf seinem Handy an.“ – „Ich koche seine Lieblingsgerichte, obwohl ich selbst kaum etwas davon esse. Ich bin nicht mehr ‚normal‘. Ich werde verrückt.“
Durch den Verlust hat sich alles ver-rückt, verschoben. Nichts ist mehr so, wie es war. Und alles wird anders sein, als es bisher gewesen ist. Nach außen hin leben Trauernde ihr Leben oft „normal“ weiter, gehen vielleicht auch noch arbeiten, aber sie funktionieren nur noch. Und wenn sie die Tür hinter sich zumachen, sacken sie zusammen, legen sich hin, möchten nur noch liegen bleiben, die Decke über den Kopf ziehen, nichts mehr sehen, nichts mehr hören. Nur noch mit sich allein sein und mit dem Verstorbenen. Am liebsten würden sie ihm hinterhergehen …
Nicht zu fassen, dass der geliebte Mensch wirklich für immer gegangen ist, niemals mehr durch die Tür hereinkommt. Nie mehr wieder. Schlimm ist auch, die vertraute Stimme nicht mehr zu hören. Aber auch, wenn der Tote nichts mehr sagt, bleiben seine Lieben weiterhin mit ihm im Gespräch. Neunzig Prozent aller Hinterbliebenen sprechen mit dem Toten, die einen laut, die anderen im Geiste. Sie klagen ihm ihr Leid und weinen sich bei ihm aus, sie erzählen ihm ihre Sorgen und holen Rat bei ihm, sie schimpfen

mit ihm und bitten ihn um Vergebung. Und immer wieder sagen sie ihm: Du fehlst mir, du.

Die Liebe stirbt nicht mit dem Tod, sie ist nach dem Ableben des geliebten Menschen sogar oft stärker, lebendiger als zu Lebzeiten. Und darum ist der Spruch, *bis dass der Tod euch scheidet*, eigentlich so nicht richtig. Denn viele bleiben auch noch nach dem Tod mit dem dahingeschiedenen Partner in Liebe verbunden, reden mit ihm, wie wenn er immer noch da wäre. Es ist wichtig, dass auch negative Gefühle wie Wut und Zorn ausgesprochen werden.

Zur Trauer gehören immer auch Selbstvorwürfe, Schuldgefühle. Wir hätten mehr miteinander reden sollen. Hätten, haben aber nicht. Was wir nicht gesagt, nicht getan, was wir versäumt haben, belastet uns nach dem Tod eines Menschen oft mehr als das, was wir gesagt und getan haben. Die vergebenen Chancen, die verpassten Gelegenheiten, die versäumten Liebeserweise machen die Trauer so schmerzlich, die Tränen so bitter.

Starke Schuldgefühle bleiben auch nach einem Suizid zurück, auch wenn sie noch so unberechtigt sind. Aber jeder Hinterbliebene sagt sich: Ich habe ihn auch nicht zurückhalten können. Auch ich habe versagt. Wir mögen die Entscheidung zum Suizid respektieren und akzeptieren, trotzdem bleibt immer die Frage zurück: Warum? Warum hat dieser Mensch keinen anderen Ausweg mehr gesehen hat, als in den Tod zu gehen? War das Leben eine solch schwere Last für ihn? Hat die Schwermut sich wie eine Schlinge um seine Seele gelegt? Aber es gibt doch Medikamente. Und nicht jeder, der Hand an sich legt, hat unter Depressionen gelitten.

Manche wussten sehr wohl, was sie taten. Sie wollten einfach nicht mehr. Und dann sind sie gegangen, ohne daran zu denken, was sie damit den Hinterbliebenen antun. Nicht zu fassen, dass ein Mensch nur an sich denkt, ohne zu bedenken, in welch verzweifelte Lage er seine Angehörigen versetzt. Er hätte doch wissen sollen, welchen Schmerz sein Schritt auslöst, was für ein Loch da in der Seele

zurückbleibt. Hinterbliebene können den Schritt des „Selbstmörders" nicht nachvollziehen, weil er im entscheidenden Moment nur an die Befreiung, die Erlösung durch den Tod gedacht hat.
Der Tod durch eigene Hand ist meist nicht nachvollziehbar und auch die Schuldgefühle sind oft nicht zu verstehen. Die drei Töchter des Mannes, der sich in der Zelle am Gitterkreuz erhängt hat, fühlen sich an seinem Tod schuldig. Viele Jahre lang hatte der 48-Jährige seine Töchter sexuell missbraucht. Sie konnten nicht verstehen, dass er dafür ins Gefängnis kam: „Er hat uns doch so geliebt."
Wie der geliebte Mensch auch immer gegangen sein mag, er ist uns immer noch nahe. Manchmal spricht er mit uns. Oder er kommt im Traum zu uns. Er tröstet uns. Und so kommt ein wenig Licht in unser Haus ohne Fenster.

Lange Löffel

Mit dem Himmel ist es wohl wie mit den zwei Mönchen, die vereinbarten, dass der eine bei seiner Ankunft im Paradies den anderen auf Erden informieren würde, ob es im Himmel wirklich so sei, wie sie es sich in ihren frommen Betrachtungen vorgestellt hatten. Stimmten die Vorstellungen mit der Realität des Himmels überein, würde er ihm die Botschaft *taliter* zukommen lassen, andernfalls würde es *aliter* heißen. Als nun der Älteste der beiden Mönche starb, erhielt der andere zu seiner großen Verwirrung die Nachricht: *totaliter aliter …*

Auch wenn wir Menschen uns den Himmel überhaupt nicht vorstellen können, machen wir uns doch immer wieder gewisse Vorstellungen. Es wird wohl alles ganz anders sein, als ich mir den Himmel vorstelle: eine Riesenbibliothek mit allen Büchern der Welt, die kostbaren Bände in Leder gebunden. Und das Buch der Bücher in Gold geschrieben. Muss das herrlich sein, von lauter lesenden Menschen umgeben zu sein! Die einen lesen Krimis, die anderen Romane, wieder andere widmen sich wissenschaftlichen Werken. Ich werde alles lesen, was jemals über den Himmel geschrieben wurde.

Ein Nobelpreisträger für Literatur sieht den Himmel als eine Hotelhalle mit einer hohen Decke, wo man in tiefen Ledersesseln sitzt, und über die Lautsprecheranlage kommt leise der himmlische Sound. „Eine Hotelhalle voll von alten Menschen, die dösend der Musik lauschen, während Seelen vor ihnen hin- und herwallen wie Dämpfe, die Seelen aller. Ein Ort, vollgepackt mit Seelen.“

Die armen Seelen tun mir leid. Für einen Jungen aus Neapel ist das Paradies eine riesige himmelblaue Wolke, mit Jesus und Madonna

drauf, rote Rosen, die aufblühen, und Engeln, die rumfliegen und singen. Und da erscheint Gott, und alle sind gezwungen, gut zu werden.
Die Hölle ist ein schwarzes Loch, voll mit Feuer und Insekten, Spinnen, Schlangen, Mäusen und Fledermäusen. Der Teufel wohnt ganz unten und knurrt.
Es ist kein einziges Kind da, dafür alle Verbrecher aus der Gegend, die Mörder, die Drogenhändler, die Händler und mein Hausbesitzer. Auch Hitler ist da, Caligula, der Pharao von Ägypten (Garibaldi nicht, denn der war gut) und die Damen von Colpo Grosso (beliebte Fernsehsendung). Und alle miteinander weinen von morgens bis abends.
Ja, wer Kinder den Unterschied zwischen Himmel und Hölle ausmalen lässt, kommt schnell in Teufelsküche. Schmutziges Geschirr, Spinnweben in der Ecke, Kakerlacken, Ratten. Die Menschen sitzen an einem langen Tisch. In einem kahlen Raum brennt ein großes Feuer. Auf dem Tisch stehen dampfende Suppenschüsseln, aus denen die Menschen zu essen versuchen. Doch siehe da! Alle haben meterlange Löffel und sind nicht in der Lage, ihren Löffel an den Mund zu führen. So verschütten sie die Suppe, stoßen die Suppenschüsseln um und es herrscht ein entsetzliches Chaos. Keiner wird satt; die Begierde verbrennt das Herz.
Im Himmel sitzen die Menschen auch an einem großen, langen Tisch, auf dem dampfende Suppenschüsseln stehen. Statt das Unmögliche zu versuchen, mit den langen Löffeln selbst zu essen, speisen sie sich gegenseitig. So werden alle satt und nichts wird verschüttet. „Und ihre Herzen schwingen in Harmonie und Frieden." So endet die „rabbinische Weisheit" auf einem Kalenderblatt.
Diese Geschichte spricht mich besonders an, weil ich lange in der Lepelstraat, in der Straße der Löffel, gewohnt habe. Es war die längste Straße in meinem Geburtsort Lommel, was noch lange nicht Lümmel heißt.

Wer sitzt neben wem?

Petrus, kennst du den sogenannten McDonald's-Test? Neben wen würde sich der durchschnittliche Deutsche in einem fast vollen Fast-Food-Restaurant setzen, wenn nur noch die Plätze zwischen Frau Merkel und Herrn Steinmeier frei wären? Ich bin zwar kein Deutscher und schon gar kein Freund der CDU, aber dann lieber doch an der Seite von Angi, auch wenn sie kein Engel ist.

Und was wäre, wenn nur noch die Plätze frei wären zwischen Helmut Kohl und Helmut Schmitt? Neben dem Kohl möchte ich nicht sitzen. Oh, nein. Zusehen zu müssen, wie der seinen Saumagen verschlingt, würde mir den Magen umdrehen. Aber neben dem Schmitt würde ich es auch nicht aushalten. Denn der Hamburger raucht sicher auch noch im Himmel. Sein Qualm wäre für mich eine Qual. Die Wahl der Qual hätte ich auch, wenn ich mich entscheiden müsste für einen Platz neben George Bush oder Saddam Hussein, falls die im Himmel sein sollten …

Vielleicht ist auch nur noch ein Stuhl neben einem Zöllner frei. Aber wer sitzt schon gerne mit den Herren von Finanzamt zusammen …? Auf jeden Fall würde mir ein gefallener Engel an der Seite viel besser gefallen. In alle Ewigkeit meiner geliebter Gemahlin tête-à-tête gegenüberzusitzen, könnte auf die Dauer etwas langweilig werden. Schließlich möchte man in den ewigen Jagdgründen auch einmal etwas anderes sehen, wenn du verstehst, was ich meine. Um die himmlische Glückseligkeit ganz genießen zu können, möchte ich lieber nicht bei lauter Katholiken sitzen, denn die jubilieren mir zu laut und bei denen schmeckt das göttliche Bier nach Weihwasser. Ich mag die Halleluja-Menschen nicht, die beim Hosianna-Festival so fröhlich frohlocken.

Du, Petrus, von mir aus kannst du mich ruhig bei den gottlosen Gesellen und Ganoven setzen. In ihrer Gesellschaft habe ich mich schon auf Erden wohler gefühlt als bei den sogenannten besseren Leuten. Ich höre sie schon fluchen, dass es für sie keine eigens reservierten Tische gibt. Und dann müssen sie noch mit ansehen, wie ihnen Penner und Punks vor die Nase gesetzt werden. Mit Murren und Meckern wird so mancher seinen Platz einnehmen und voller Missgunst auf die Stricher und Huren in der ersten Reihe schauen. Und der Papst legt beim Petrus höchstpersönlich Protest ein, weil er nur von Protestanten umgeben ist.

Ja, Petrus, du bekommst vielerlei Klagen zu hören: „Und dafür habe ich mein Leben lang Kirchensteuer bezahlt!" – „Wenn ich das gewusst hätte, wäre ich lieber draußen geblieben." – „Das Essen hier ist wirklich das Letzte!"

Ja, das Letzte Gericht schmeckt sicher nicht jedem. Aber keiner ist bisher auf die Erde zurückgekehrt. So schlecht kann es dann dort oben nicht sein. Und alle haben offenbar ihren Platz gefunden, sogar Franz Josef Strauß. Dieser soll gar nicht erfreut gewesen sein, wie du ihn an der Himmelspforte begrüßt hast: „Mein Sohn, auch für dich habe ich einen Platz!" Und wie der Bayer dich dann versetzt hat: „Erstens bin ich nicht dein Sohn und zweitens sitzt du auf meinem Stuhl!"

Hölle im Himmel?

Mein Enkel Clemens ist noch nicht getauft. Gut, dass meine Mutter das nicht mehr miterlebt hat. Denn ihr wurde noch beigebracht, dass ungetaufte Kinder, die sterben, in die „Vorhölle“ kommen. Weil sie mit dem Makel der Erbsünde „befleckt“ sind, können sie nicht in die Herrlichkeit Gottes eingehen. So lautete die Begründung dieser herzlosen Kirchenlehre. Gott sei Dank wurde das Vorzimmer der Hölle nun endlich abgeschafft.

Petrus, nicht nur die Vorhölle, auch die Hölle selbst scheint schon lange nicht mehr zu existieren. Es gibt kaum noch getaufte Christen, die das Höllenfeuer fürchten. Wir kennen zwar die Bibelstellen von einem strafenden Gott und sehen in vielen Kirchen das Letzte Gericht bedrohlich ausgemalt, doch selbst diese furchtbaren Höllenbilder vermögen uns kaum noch Angst einzujagen. Wen lässt die „End-Abrechnung“ am Jüngsten Tag noch zusammenzucken? An die Stelle des gnadenlosen Richtergottes ist der liebe Gott getreten, der alles versteht, alles verzeiht und alle immer schon lieb hat. Es ist schön und leicht, an diesen rundum gütigen Gott zu glauben, der kaum anders kann, als uns armen Sünderlein zu vergeben.

Petrus, für dich als Jude muss eine solche Verharmlosung, Verniedlichung Gottes geradezu gottlos sein. Wo bleibt da die Gottesfurcht, die Ehrfurcht vor dem Herrn über Leben und Tod?

Und dennoch, Petrus. Ist Gott nicht vor allem barmherzig? In den Gleichnissen Jesu wird das Herz des Vaters doch immer wieder durch die Armseligkeit des Menschen angerührt: *Da hatte der Herr Erbarmen …*

Gott ist nicht halb Richter und halb Erbarmer. Der All-Erbarmer ist der letzte der hundert Namen der Muslime für Allah. Voll

Erbarmen wird der Richter uns alle aufrichten. Keiner ist verdammt. Davon bin ich fest überzeugt. Ich weiß: Wenn Gottes Erbarmen allen gilt und jedem alles verziehen wird, wäre diese „billige Gnade“ ein Schlag ins Gesicht der Opfer von Gewalttaten. Was kann es Schrecklicheres geben, als im Paradies seinen Mörder wiederzusehen? Das wäre die Hölle im Himmel, höchst ungerecht. Oder sehen die Opfer die Täter drüben mit ganz anderen Augen, mit den gütigen Augen Gottes? Dann könnten sie verstehen, warum Männer morden und Menschen unmenschliche Verbrechen begehen.

Petrus, du weißt, dass Jesus auch dem größten Sünder vergeben und damit die Pharisäer provoziert hat. Der Gipfel der Provokation war am Kreuz, als er zu dem Verbrecher neben ihm sagte: „Heute wirst du noch mit mir im Paradies sein.“ Einem Mörder wird im letzten Augenblick geschenkt, wofür die Gerechten sich ein Leben lang abmühen. Ist das Recht? Gnade vor Recht ist immer ungerecht. Aber offenbar kann Gottes Güte durch die Bosheit der Menschen keine Grenze gesetzt werden. Gottes Liebe ist unbegrenzt, sie schließt niemanden aus. Keiner bleibt draußen vor der Tür. Ob das, Petrus, dem Türsteher gefällt?

Wo ist nirgendwo?

Petrus, du kannst froh sein, dass zu deiner Zeit niemand etwas gewusst hat von Big Bang, Schwarzen Löchern und Darwinismus. Für dich und deine Zeitgenossen war alles klar: *Im Anfang schuf Gott Himmel und Erde …* Da galt noch das gute alte Weltbild: über die Erde der Himmel. Dort thront der Herr, der alles so herrlich erschaffen hat. Der gute alte Herr ist längst entthront. Es gibt keinen Herrn im Himmel mehr über uns. Vielleicht sind da draußen auch irgendwo menschliche Wesen. Aber warum hat Gott seinen einzigen Sohn denn just auf die Erde geschickt? Wären dann alle anderen von der Erlösung ausgeschlossen? Können auch Außerirdische in den Himmel kommen?

Solche Fragen waren Euch fremd. Ihr hattet es noch leicht, an den Schöpfer des Himmels und der Erde zu glauben. Heute wird ein allmächtiger, allgütiger, allwissender Gott vielfach nur noch für eine bloße Selbstprojektion des Menschen gehalten, ein Wunschbild, ein Scheinwesen, das es in Wirklichkeit nicht gibt. Und auch der Glaube an ein Leben nach dem Tod wird als Aberglaube entlarvt. Weil der Mensch sich mit seiner Endlichkeit nicht abfinden könne, halte er seine Seele für unsterblich. Und der Trost des Jenseits sei doch nur eine Vertröstung, um das trostlose Leben auszuhalten.

Aufgeklärte Menschen brauchen keinen Himmel mehr. Für die Himmelfahrt Jesu bleibt nur noch ein müdes Lächeln. Der Vatertag ist an die Stelle des christlichen Himmelfahrtstages getreten. Statt feierlichem Hochamt in der Kirche trinkfeste Propheten auf den Straßen mit Leiterwagen. Weizenbier statt Weihwasser.

Seit dem ersten Weltraumflug von Juri Gagarin in April 1961 ist der Himmel offenbar nicht mehr zu retten. Wo soll er denn sein?

Der Himmel hat doch keinen Platz in dem sich ständig weiter ausdehnenden Universum.
Oder ist der Himmel an keinen Ort gebunden, sondern ein Zustand, eine Seinsweise? Ja, Petrus, manchmal sind wir überglücklich, fühlen uns wie im siebten Himmel. Der Himmel ist in dir, heißt es. Suche ihn nicht woanders. Geh in dich. Gott wohnt in dir. Ja manchmal spüre ich das Göttliche in mir. Tief in meinem Inneren ist Frieden, Ruhe, Licht, Wärme ... Und dennoch komme ich nicht „dahinein". Ich suche immer noch den Schlüssel. Ich muss wohl noch tiefer graben, um ihn auf dem Grund meines Herzens zu finden.
Die Quelle allen Glücks ist die Liebe. Wir können nicht erklären, warum wir einen Menschen lieben. Und dennoch ist die Liebe ein Faktum. Wenn wir nur für real halten, was wir erklären können, dann verstehen wir vieles nicht.
Immer wieder geschehen so merkwürdige Dinge. Da bleibt die Quarzuhr eines Mannes ausgerechnet in dem Moment stehen, als seine Frau tödlich verunglückt. Und an dem Tag, an dem Egon im Krankenhaus stirbt, gehen in seiner Wohnung drei Blüten an seinem geliebten, verdorrten Azaleenstrauch auf.
Petrus, meine Vernunft ist zu klein, um zu begreifen, was sich zwischen Himmel und Erde ereignet. Aber mein Herz versteht, dass ab und zu, hier und dort, ein Stückchen Himmel auf die Erde fällt. Das verschlossene Herz öffnet sich. Das versteinerte Gesicht lacht. Die geballte Faust fängt an zu streicheln. Das Kind ohne Arme malt Blumen. Der Vogel singt in dunkler Nacht. Bisweilen berühren sich Himmel und Erde. Da scheinen die Scheidewände zwischen dem Diesseits und dem Jenseits aufgehoben. Bei Mozart-Musik meine ich die Chöre der Engel im Himmel zu hören. Engelsmusik in einer Barockkirche – einfach himmlisch! Und auch draußen in der Welt gibt es Orte, an denen Himmel und Erde einander berühren. Und wenn mir meine Enkelin Julia strahlend in die Arme läuft, leuchtet

in ihrem Lächeln der Himmel auf. Und auch der kleine Clemens ist einfach ein Geschenk des Himmels.

„Es war ein Stück vom Himmel, dass es dich gibt", steht auf mancher Todesanzeige. Aber ist das Gegenteil nicht auch wahr? Manche Menschen verkörpern leibhaftig das Böse und lassen andere durch die Hölle gehen. Und zeigt nicht jede Tagesschau, dass die Erde ein Jammertal ist?! Und diese Welt soll das Paradies sein? Um Himmels willen! Und wie oft wird das Wort Himmel missbraucht. Auf dem Platz des himmlischen Friedens in Peking wurde 1989 der friedliche Studentenprotest von Panzern blutig niedergewalzt.

Die Brutalitäten dieser Welt und das Leid im eigenen Leben machen es uns schwer, noch an den Himmel zu glauben. Mein Zweifelglaube bringt mich auch immer wieder gewaltig ins Wanken. Ich bin ein wankelmütiger Apostel wie du, Petrus. Auch wenn ich mit beiden Beinen auf dem Boden stehe, schaue ich doch immer wieder hinauf in den Himmel. Ich gebe die Hoffnung nicht auf, dass es irgendwo einen Raum gibt, wo das ganze Leid und Elend dieser Welt aufgehoben ist. Einen Raum, in dem wir nach unserer irdischen Pilgerreise bei uns selbst ankommen. Einen Raum, in dem Gott alle unseren Tränen abwischen wird. Ich weiß, dass keine Weltraumkarte diesen Raum aufweist und es den Himmel nirgendwo gibt. Aber du, Petrus, kannst mir sicher sagen, wo nirgendwo ist.

Wann? Wie?

Omi Anna träumt. Sie geht durch eine breite Allee mit ganz hohen Bäumen. Da kommt ihr ein weißbärtiger Mann im goldenen Gewand entgegen mit schulterlangem Haar, ein dickes Buch unter dem Arm. Es ist der Petrus. Omi Anna fragt Petrus, ob sie hier richtig ist, und sagt dem Heiligen ihren Namen. Petrus öffnet sein Buch, schaut nach. „Nein, Frau Semmelmann, Ihr Name steht hier noch nicht verzeichnet. Sie sind noch nicht so weit. Gehen Sie wieder zurück zu Ihren Angehörigen. Die weinen nur noch und freuen sich, wenn sie wieder bei ihnen sind." Omi Anna wacht auf und ist überglücklich, wieder auf der Erde zu sein. Durch diesen Traum ist Omi Anna noch mal richtig aufgelebt, aufgeblüht. Und als es dann mit ihr wirklich so weit war, haben ihre Lieben richtig geweint.

Ganz anders war es bei Oma Leni. Nach ihrem Schlaganfall sah sie sich im Traum auf der Schwelle zum Jenseits. Mit ausgestreckten Armen ging sie auf ihren Mann und ihre Eltern zu, aber keiner hat ihr die Hand zugestreckt. Das hat Oma Leni sehr traurig gemacht. „Die wollen mich nicht", hat sie gesagt. „Die wollen mich nicht." Oma Leni hat auch ihren Schutzengel ganz klar gesehen, der ihr sagte: Es dauert noch. Oma Leni hat es viel zu lange gedauert. Sie war oft ungeduldig, konnte es kaum noch erwarten, zu ihren Lieben hinüberzugehen. Sie war längst bereit, hatte alles vorbereitet: die Todesanzeige, die Lieder für die Trauerfeier, die Kleider für die letzte Reise, samt Unterwäsche.

Ja, Petrus, vor seiner Zeit kann offenbar niemand gehen. Wann ist Zeit, das Zeitliche zu segnen? Wann ist ein Mensch reif für den Sarg? Wer oder was entscheidet das? Ist es das Schicksal, das unsere Todesstunde bestimmt? Oder bist du es höchstpersönlich, der die Namen in deinem Buch einträgst, vielleicht nach Rücksprache mit deinem Chef? Oder stehen sie längst geschrieben?

Mir kommt es oft so vor, dass bei der Geburt die Todesstunde schon feststeht. Manche springen dem Tod fünfmal von der Schippe, scheinen unsterblich. Und andere kommen durch einen dummen Zufall um ihr Leben. Es ist manchmal schon merkwürdig, was da zeitlich zusammenfällt. Gerade in dem Moment, in dem der Laster die Leitplanke der Autobahn durchbricht, kommt ihm ein Fahrzeug mit vier jungen Männern entgegen.

Wie kommt es, dass manche ausgerechnet an ihrem Geburtstag sterben oder am Todestag ihres Ehepartners zu ihm gehen? Und das Enkelkind gerade an dem Tag geboren wird, an dem der Opa das Zeitliche segnet? Ist das alles nur mit Zufall zu erklären? Was ist eigentlich Zufall? Die „Logik Gottes", die wir nicht verstehen. Ist Zufall „jener geheimnisvoller Bote der Vorsehung"?

Wie wir es auch nennen: Zufall, Vorherbestimmung, Fügung. Die Frage bleibt: Warum? Warum müssen Menschen wie Oma Leni weiterleben, die froh wären, wenn sie endlich gehen dürften?! Das ist doch nicht fair. Warum werden manche mitten im Leben abgerufen, und weshalb müssen andere noch eine lange Weile warten – und oft auch noch leiden?

Und warum bin ich noch am Leben? Ich hätte schon mehrmals tot sein können. Kaum hatte ich 1972 den Führerschein, da flog ich mit meinem alten Käfer aus der Kurve, überschlug mich mehrere Male und landete in einem Rübenfeld. Dort bin ich aus meinem Schrottkäfer gestiegen, total unversehrt. Das Einzige, was mir wehgetan hat, war die Schadensersatzforderung des Bauern, dem der Acker gehörte. Er wollte unbedingt 20 Mark für seine Rüben.

Ein anderes Mal verursachte ich auf der Autobahn einen folgenschweren Unfall. Ein Haufen Blechschaden. Ich hatte keine Schramme. Ich muss einen sehr guten Schutzengel haben oder bist du es per-

sönlich, Petrus, der seine schützende Hand über mich hält? Auf jeden Fall bin ich froh und dankbar, dass ich damals nicht auf der Strecke geblieben bin, denn dann wäre ich unvorbereitet gestorben.
Mein lieber Petrus, kannst du nachts nicht auch einmal zu mir kommen? Nein, bei aller Liebe, ich möchte noch nicht zu dir. Das fällt mir im Traum nicht ein. Aber vielleicht kannst du mir rechtzeitig einen Wink geben, damit ich weiß, wann meine Stunde schlägt. Ich möchte einen guten Tod sterben. Deshalb wäre es mir nicht recht, plötzlich tot umzufallen. Da bliebe mir zwar einiges erspart, aber ich bin schon auch sehr neugierig und möchte bewusst erleben, wie es ist, zu sterben. Bei einem Sekundentod bekommt man nichts mit. Im Schlaf entschlafen wäre natürlich schon schön, aber dann würde mir doch eine wichtige Lebenserfahrung fehlen. Und für meine Frau neben mir gäbe es dann ein böses Erwachen.
Petrus, was ich auch nicht möchte, ist gesund sterben. Denn dann fällt es mir wahrscheinlich noch schwerer, mein Leben loszulassen und meine Lieben allein zurückzulassen. Schlimm wäre für mich ein langes, „verkabeltes" Sterben auf der Intensivstation. Wenn es dazu kommen sollte, möchte ich dich, Petrus, bitten, den Stecker rauszuziehen.
Noch schlimmer wäre für mich, an Einsamkeit einzugehen und schon lange vor meinem Tod gestorben zu sein. Wie viele liegen wochenlang halb verwest in ihrer Wohnung, ohne dass jemand sie vermisst. Erst der überquellende Briefkasten macht die Nachbarn aufmerksam, manchmal auch der starke Verwesungsgeruch. Oder die Maden kriechen schon unter der Tür heraus. Das kommt nicht nur in Hochhäusern und Wohnsilos vor, sondern auch in Mehrfamilienhäusern. Petrus, stell dir vor: In Stuttgart lag ein Mann 15 Monate tot in seiner Wohnung. Niemand im Haus hatte etwas bemerkt und auch die Rente wurde weiterbezahlt.
Der soziale Tod, der Tod vor dem Tod, ist oft grausamer als das Sterben selbst. Ich bin nicht der Mensch, der allein seinen Weg

beenden möchte. Ich hoffe, dass meine Lieben mich bis an die Schwelle des Jenseits begleiten und mir die Hand halten und auch noch meine Füße streicheln. Und dann hoffe ich, dass ich mich getrost in die Hände Gottes fallen lassen kann. Auf meinem Sterbebett möchte ich noch einmal das Lied singen, das ich bei so vielen Beerdigungen von Herzen gesungen habe: *So nimm denn meine Hände und führe mich bis an meine selig Ende und ewiglich … Wenn ich auch gleich nichts spüre von deiner Macht, du führst mich doch zum Ziele, auch durch die Nacht …*

Wenn ich nur in Frieden gehen kann, ist das Wie und Wann mir nicht so wichtig. Und wenn ich dann bei dir ankomme, Petrus, werde ich sagen: Du, mein Lieber, hier bin ich. Zu mehr hat es nicht gereicht.

Die letzten Fragen

„Gruftis kommen hier nicht rein“, sagt der Türsteher an der Disco, als er einem 30-Jährigen den Zutritt verwehrt. Ich hoffe, dass du, Petrus, kein so strenger Türsteher bist und uns Obergruftis auch hereinlässt. Ich sehe mich schon anstehen in der Reihe und höre meinen Vordermann fragen: „Wo kommst du her? Bist du auch so plötzlich von der Welt gegangen?“ Mein Hintermann meint: „Ich bin nicht gut genug für den Himmel und zu gut für die Hölle.“ – „Ganz meinerseits“, höre ich mich sagen. Ein Kind kommt auf mich zu und fragt: „Wo bitte geht's zu Gott?“– „Tut mir leid. Aber ich bin auch nicht von hier“, antworte ich dem Kleinen. Die Frau neben mir sucht ihrem Schatz noch eine letzte SMS zu schicken: Bin gut angekommen. Muss noch warten. Sei nicht traurig. Wir sehen uns wieder! Hab dich lieb. Tausend Küsse. Andere versuchen es mit einem Anruf: Kannst du mich noch hören? *Die Verbindung wird gehalten* ... Doch nicht lange. Denn schon nimmt ein gewisser Petrus jedem sein Handy ab. Er schmeißt das Teufelszeug in den Mülleimer. Unsere Uhren werfen wir von selbst weg, denn die Zeit steht nicht nur still; sie existiert nicht mehr.

Dann nehmen wir unsere Ringe ab und unseren Schmuck. Nackt stehen wir da: ohne Papiere, ohne Personalausweis, ohne Bankkarte. Was wird aus all dem Plastik-Zeug? Nicht einmal recycelbar. Auch unser Körper enthält eine Menge Problem-Müll: Nägel, Platten, Prothesen, Schrauben, Schienen, Implantate ... und dann noch die Sargnägel und Beschläge. Ob es da oben auch einen Schrotthändler gibt? Einen Don Scrotus oder so?

Nehmt Abschied, Brüder, und lasst alles fahren ... PC, CD, CVD, MP3, TV, PKW, WWW. Weh tut's! Verdammt weh. Den ganzen

Kram loszulassen. Lebt wohl! Adé. Adieu. Adios Pin-Nummer und PC-Maus. Ruhet sanft und habt für alles vielen Dank! Während unser PC mit seiner Festplatte auf den Schrotthaufen landet, bleibt die Software bestehen. Das ist ein bisschen so, wie wir Menschen auch weiterleben ohne die „Hardware“ des Hirns.
Petrus, aus gut unterrichteter Quelle habe ich vernommen, dass es bei dir keine Computer-Beichte gibt, nicht einmal einen Multiple-Choice-Fragebogen. Statt dass du uns die richtige Antwort ankreuzen lässt, sollst du uns ein paar richtige Fragen stellen: Was war dir am liebsten auf der Welt? Was bereust du am meisten? Glaubst du, etwas verpasst zu haben? Wen möchtest du wiedersehen? Wen nicht?
Die letzte Frage gibt mir jetzt schon zu denken. Ja, es gibt einige, die ich nicht wiedersehen möchte – und die ihrerseits wohl auch froh sein werden, wenn sie mich drüben nicht wiedersehen. Oder sehen wir uns drüben mit anderen Augen und lernen wir uns dort erst richtig kennen?
Petrus, wenn ich dann droben bei dir bin, habe ich auch noch ein paar Fragen an dich. Warum können wir nicht gleich ins Paradies, ohne vorher in den Sarg zu müssen? Und was hat der Spruch auf sich: „Mensch, lerne tanzen, sonst wissen die Engel im Himmel nichts mit dir anzufangen!“ Ich kann aber nicht tanzen. Wie oft bin ich meiner Frau auf die Füße getreten! Sie ist eine gute Tänzerin, aber was nutzt mir das? Und was wird der Herrgott mich fragen? Wie wird er mein Leben beurteilen? Wenn ich vor ihm stehe, werde ich selbst erkennen, wie viel ich meinen Mitmenschen schuldig geblieben bin. Das Leid, das ich anderen zugefügt habe, wird mir selbst leidtun. Es wird bitter sein, Bilanz zu ziehen und meine Schuld zu bekennen. Ich werde mich selbst richten.
Ich hoffe, Petrus, dass du ein gutes Wort für mich einlegst, denn ich habe keine großen „Referenzen“ vorzuweisen. Geburt bei strenggläubigen Eltern, Kindheit unter katholischen Großeltern, Onkeln

und Tanten, fünf Jahre Messdiener, unzählige heilige Messen ministriert, jeden Sonntag zwei. Jugendjahre in einem brutal katholischen Knast, Entschuldigung, Internat. Von hochwürdigen Herren groß gezogen, die strengstens darauf achteten, dass die Hände nachts über der Bettdecke bleiben. Studium der Theologie, weil ich trotz meiner Zweifel glauben wollte. Eheschließung, da ich mich zum Zölibat nicht entschließen konnte. Zwei Kinder. Eine Tochter in der Kinderkirche aktiv, spielte dort an Heiligabend Maria und brachte ein paar Stunden später ihr Kind zur Welt.
17 Jahre Seelsorger für Gefangene. Keinen Einzigen bekehrt. 13 Jahre unterwegs zu Aidskranken, Drogenabhängigen, Obdachlosen. Zahllose Menschen beerdigt, die aus der Kirche ausgetreten sind. Jahrzehntelange Ehe mit den dazu gehörenden Höhen und Tiefen. Insgesamt habe ich viel gelesen, geschrieben, gefaulenzt, gejoggt, gegessen, getrunken, gesündigt …
Vergiss das alles, höre ich dich sagen. Nur auf eines kommt es an: Petrus, liebst du mich?

Engelszungen – Teufelsfeder

Petrus, kennst du das Lied vom Kölner Karneval? *Der liebe Herrgott weiß, dass ich kein Engel bin. Ein kleiner Teufel steckt doch in jedem drin. Der liebe Herrgott weiß, dass ich kein Engel bin, das mit dem Himmel, das kriegen wir schon hin!*

Ob wir das mit dem Himmel tatsächlich so leicht hinkriegen? Ja, meine Frau, die habe ich so weit gekriegt, dass sie mich so nimmt, wie ich bin. Aber der Herrgott weiß ja einiges mehr über mich. Ihm bleibt nichts verborgen.

Und was ist mit dem Teufel? Stimmt es, dass der Diabolos die Aufgabe hat, die Menschen vor Gott zu verklagen? Führt der satanische Staatsanwalt tatsächlich Buch über alle unsere Untaten, um uns dann auf dem Sterbebett die „Rechnung" zu präsentieren? Es heißt, im Mittelalter hat der Satan das Sündenregister auf einer Kuhhaut geschrieben. *Das geht auf keine Kuhhaut*, sagen wir immer noch, aber wer denkt dabei noch an Sünde?

Auch Schuld scheint es heute keine mehr zu geben. Für alles haben wir Entschuldigungen. Wir verstehen nicht mehr, wie die Iren einem Menschen wünschen können: „Mögest du eine halbe Stunde den Himmel erleben, bevor der Teufel merkt, dass du tot bist!" So schlecht sind wir doch nicht. Petrus, du weißt doch selbst, wie das mit uns Menschen ist. Wir sind nicht aus Holz, sondern aus Fleisch und Blut. Wir Männer und Frauen sind keine geschlechtslosen Wesen wie die Engel. Wir können zwar mit Engelszungen reden, aber manchmal reitet uns der Teufel. Da tun wir Dinge, die wir nicht tun wollen. Pfui Teufel!

Übrigens Petrus, weißt du, was eine Teufelsfeder ist? Eine Frau, die das Interesse eines Mannes weckt, ohne sich dessen bewusst zu sein;

sie erregt ihn unabsichtlich. Damit möchte ich keineswegs gesagt haben, dass wir Männer Unschuldsengel sind. Im Gegenteil. Gerade wir Männer sind es, die Kriege führen, morden, misshandeln, Frauen vergewaltigen … In manchen Mann steckt ein ganz großer Teufel. Aber auch ein Hitler war ein Mensch wie wir. Gerade Massenmörder und „Monster“ zeigen uns, wozu unsereiner fähig ist. Frauen sind die besseren Menschen. Nicht umsonst ist der Teufel männlich. Aber: „Wo der Teufel machtlos ist, schickt er als Bote ein Weib!“

Ob Männlein oder Weiblein. Wir alle haben nicht viel zu bieten. Von den paar Jährchen, die wir auf Erden verweilen, verschlafen wir mehr als die halbe Zeit. Sechs Jahre sitzen wir vor der Glotze und sechs Monate hocken wir auf dem stillen Örtchen. Drei Jahre verbringen wir im Auto und ein halbes Jahr stehen wir im Stau. Und zwischendurch geben wir uns viel Mühe, das Beste aus unserem Leben zu machen.

Erst wenn wir drüben bei dir sind, wird uns erst aufgehen, wie viel Zeit wir vertan und was wir alles versäumt haben. Dann erst werden wir klar erkennen, wie wir unsere Fähigkeiten und Begabungen haben verkümmern lassen und wie viel mehr wir aus unserem Leben hätten machen können. Voller Reue werden wir weinen. Und du weißt, Petrus, wie bitter Tränen sind.

Unser Fürsprecher Michael

Wenn ich Samstagmorgen zum Bäcker gehe, muss ich immer anstehen. Ob es vor der Himmelspforte auch eine Warteschlange nach dem himmlischen Brot gibt? Aber das Manna ist wohl nicht jedermanns Sache. Dem Münchner im Himmel hat es gar nicht geschmeckt. Viel zu trocken, viel zu fad. Und dann ab morgens früh frohlocken: Ha-lä-lä-lä-lu-u-hu-hiah! Und Hosianna singen bis abends um acht. „An ganz'n Tag singa und z'trinka kriagat ma gar nix! Himmi – Herrgott – Saggerement – uuuuuh – iah! A Manna, kriag i! A Manna!"

Du weißt selbst, Petrus, wie es mit dem Engel Aloisius weiterging. Er sollte der bayerischen Regierung einen göttlichen Ratschluss übermitteln. Aber nach seiner alten Gewohnheit ging der Dienstmann mit dem Brief zuerst ins Hofbräuhaus, wo er heute noch sitzt.

Petrus, ich brauche auch mein Manna. Ich hoffe, dass du mich mit einem Petrus-Bier empfängst, und du weißt: Auf einem Bein kann man nicht stehen. Wenn ich ein paar Bierchen intus habe, kann ich auch viel schöner Luja singen.

Übrigens Petrus: Was macht Michael? Nein, nicht der Erzengel Michael, sondern unser Michael aus der Gerberstraße? Er kam mit 38 Jahren zu euch.

Michael war Drogist, hätte aber ebenso gut Apotheker werden können. Michael wusste mehr über Barbiturate und Diazepame als viele, die Pharmazie studiert haben. Die rote Liste war seine Bibel, sein Giftschrank sein Tresor, seine Schatztruhe.

Ein paar Wochen vor seinem Tod beklagte sich Michael über einen Kumpel, der ihn im Schlaf beklaut habe. „Aber", sagte er dann, „du

musst auch noch am Schlechtesten ein gutes Stückle lassen."
Manche ließen kein gutes Haar am Michael: drogenabhängig, kriminell, aidsinfiziert. Der absolute Minus-Mann.
Michael hat sich mit Koks oft hochgeschossen, war high. „Da bin ich im Vorzimmer des Himmels und dem Herrgott ganz nahe."
Als der Michael aus der Gerberstraße nun zum Erzengel Michael kam und dieser seine guten und bösen Taten abwog, machte der Heilige ein äußerst bedenkliches Gesicht. Da sagte der Michael augenzwinkernd zum Erzengel: „Du Drachentöter! Du weißt doch, was unser Name Michael bedeutet: Wer ist wie Gott? Ich bin ein gefallener Engel, dein Kollege sozusagen. Da wirst du doch wohl beim Abwägen der Lebensbilanz wenigstens ein Auge zudrücken. Selbst wenn das Böse noch so sehr überwiegt, musst du auch am Schlechtesten noch ein gutes Stückle lassen."
Petrus, ich hoffe, dass auch du dir die Worte unseres Fürsprechers Michael zu Herzen nimmst. Sei kein strenger Prüfer. Denk daran: Du musst auch am Schlechtesten noch ein gutes Stückle lassen! Und vergiss das Manna nicht. Sonst komme ich nicht zu dir in den Himmel, sondern gehe zum Alois ins Hofbräuhaus.

Heimweh

„Heim … Heim … Heim … Das war das Einzige, was mein Mann immer nur gesagt hat. Er wollte daheim sterben, aber das hat leider nicht geklappt. Zwar hatte ich alles getan, um ihm das zu ermöglichen. Wir hatten das Krankenbett und auch die nötige Hilfe der Krankenpflege. Doch dann hat der Arzt meinen Mann ins Krankenhaus eingewiesen, um ihm dort den Schleim absaugen zu lassen. Anschließend könne er wieder zurück nach Hause, hatte er gemeint. Beim Absaugen ging es meinem Mann dann ganz schlecht. „Heim! Heim!“, hat er immer wieder gesagt. Doch dazu ist es nicht mehr gekommen, denn mein Mann ist im Krankenhaus gestorben. Darüber komme ich nicht hinweg, obwohl mein Mann nun schon seit mehr als vier Jahren von mir gegangen ist.“

Die meisten Kranken möchten nicht im Krankenhaus sterben, sondern daheim, eingebettet in ihrer vertrauten Umgebung. Dazu braucht es das Miteinander und Füreinander der Familie. Nur wenigen ist es vergönnt, ihr Leben im Kreise ihrer Lieben zu beenden. In der Regel geht das Leben im Krankenhaus oder in einem Alten- oder Pflegeheim zu Ende. Nicht wenige fühlen sich verraten, ins Heim abgeschoben. Sie bekommen kaum Besuch, fühlen sich allein gelassen, mutterseelenallein mit ihren Ängsten, das Herz voller Heimweh. Wie gerne wären sie in den eigenen vier Wänden geblieben! Mit etwas guten Willen wäre es vielleicht auch gegangen. Nun aber vegetieren sie unter entwürdigenden Umständen im Pflegeheim dahin.

Viele Heimbewohner klagen, dass sie nicht genug zu essen und zu wenig zu trinken bekommen. Die Windeln werden nicht häufig genug gewechselt. Und wenn dann auch noch an den Pampers

gespart wird! Viele Missstände sind auf Personalmangel zurückzuführen.
Ein Besuch in einem Alten- oder Pflegeheim macht Angst. Angst, dass es einem selbst am Ende so ergehen könnte. Denn oft ist eine Versorgung zuhause auch beim besten Willen nicht möglich. Die Kinder wohnen zu weit weg, die Wohnung ist nicht für Rollstuhlfahrer gebaut, die Pflege überfordert die Angehörigen, auch wenn es oft lange Zeit braucht, bis diese sich das eingestehen. Und eine polnische Pflegekraft kann sich auch nicht jeder leisten. Manchmal bleibt am Ende nichts anderes als das Heim übrig.
Nicht nur bei Krebs wissen die Angehörigen oft nicht weiter. Was tun, wenn die Krankheit Alzheimer unaufhaltsam voranschreitet und alles in Vergessenheit versinkt? Was geht in so einem Menschen vor? Schwer zu sagen. Auch wenn das Hirn abstirbt, sind die Gefühle nicht tot. Demenzkranke sind oft sehr feinfühlig. Sie spüren, wie es dem anderen geht. Sie werden wieder wie Kinder, erzählen viel aus ihrer Kindheit. Wir verstehen vieles nicht und sprechen von Verwirrtheit.
Auch wenn wir ihnen nicht folgen können, können wir doch bei ihnen sein. Unsere Nähe und Zuwendung tut ihnen gut. Lassen wir sie nicht allein, allein heimgehen.

Mögen Engel dich geleiten

Im Traum sieht die 84-jährige Waltraud, wie Erna vor ihrer Haustür steht. Sie schaut noch einmal auf das Namensschild, um sich zu vergewissern, dass sie auch richtig ist. Dann klingelt Erna. Waltraud öffnet ihr die Tür. Sie erkennt gleich, dass es ihre Freundin Erna ist. Waltraud hat sie zwar schon lange nicht mehr gesehen, denn Erna ist 1967 an Krebs gestorben. Waltraud fragt ihre Freundin: „Erna, kommst du mich holen?" – „Ein ganz klein wenig Zeit hast du noch", antwortet ihr Erna. Waltraud will Erna umarmen, doch sie ist in die Mauer entschwunden. Dann ist Waltraud aufgewacht. Sie sagt: „Die Tränen liefen mir übers Gesicht, obwohl ich nicht traurig war. Im Gegenteil. Ich weiß, dass mir nicht mehr viel Zeit bleibt. Und dass Erna mich abholt, das hat mir die Angst vor dem Tod genommen. Sie ist damals in meinen Armen gestorben. Aber das ist bald 40 Jahre her. Ich gebe zu, dass ich nicht mehr oft an Erna gedacht habe. Wenn ich im Garten die eine oder andere Blume sah, habe ich schon einmal gedacht: Die hätte Erna auch gefallen. Erna war mir zu Lebzeiten eine große Stütze und hat mir auch finanziell geholfen. Ohne sie hätte ich manches nicht tun können. Sie war gewissermaßen mein Vorbild. Und nun steht sie plötzlich vor meiner Tür. Nun ist Erna auch noch der Engel, den der Himmel mir schickt, um mich abzuholen."

Viele Menschen, die dem Tod nahe sind, haben einen ähnlichen Traum. Jemand von „drüben" klingelt oder klopft an die Tür, um ihnen mehr oder weniger verschlüsselt mitzuteilen, dass ihre Zeit bald abgelaufen sein wird. Es ist tröstlich, zu wissen, dass man die letzte Reise nicht allein antreten muss.

Denn von dieser Seite kann niemand mit uns hinübergehen. Unsere Lieben können uns begleiten bis an die Schwelle. Aber weiter kann niemand mit uns gehen. Wir müssen die letzte Reise allein antreten. Da braucht es einen Engel. „Jetzt brauche ich nur noch jemand, der mich an die Hand nimmt und mich hinüberführt", sagte Marlis (51), als sie nach langem Kampf gegen den Krebs bereit war, zu gehen.

Liebe Leserin, lieber Leser, wer wird uns am Ende an die Hand nehmen und uns über den Abgrund des Todes begleiten? Wer wird unser Engel sein? Wer wird uns abholen? Unsere Mutter, die uns zur Welt gebracht hat? Die Freundin, die wir auf der letzten Strecke begleitet haben? Ein langjähriger Weggefährte? Unser Bruder, der in so jungen Jahren von uns gegangen ist? Wer wird uns ins Licht führen? Wer?
Wer auch immer. Wir sind nicht allein. Ein Mensch, der uns hier auf Erden nahestand, wird kommen und mit uns dorthin gehen, wo kein Fuß stehen kann. Und so wünsche ich dir, *lieber Leser, liebe Leserin*, was früher auf dem Weg zum Grab gesungen wurde: *Ins Paradies mögen Engel dich geleiten, dich führen in die heilige Stadt Jerusalem. Die Chöre der Engel mögen dich empfangen* … und alle deine Lieben, die drüben auf dich warten.

Heimgehen, heimfahren, heimfliegen …

Spiel dein Spiel und wehr dich nicht,
Lass es still geschehen,
Lass vom Winde, der dich bricht,
Dich nach Hause wehen.
Hermann Hesse

Sterben ist nur ein Umziehen in ein schöneres Haus.
Elisabeth Kübler-Ross

Als Gott sah, dass der Weg zu lang,
der Berg zu steil, das Atmen zu schwer wurde,
legte er seinen Arm um dich
und sprach: „Komm, wir gehen heim!“

Und meine Seele spannte
weit ihre Flügel aus,
flog durch die stillen Lande,
als flöge sie nach Haus.
Joseph von Eichendorff

In vielen Traueranzeigen wird der Tod als Heimgang gesehen. Alle unsere Wege sind Heimwege. *Wir sind nur Gast auf Erden und wandern ohne Ruh mit mancherlei Beschwerden der ewigen Heimat zu.*
In alten Kirchenliedern ist noch die Rede von Heimfahren ... *Wenn wir heimfahren aus diesem Elende.* Elend wurde früher das Ausland genannt. Das Vaterland war beim Vater im Himmel.
Heimfahren. Vaarwel, Fahr wohl, Lebewohl. Ade, Adieu, bei Gott. Die Franzosen sagen beim Abschied au revoir = Auf Wiedersehen. Wer glaubt, dass er seine Lieben drüben wiedersieht, kann sie leichter loslassen. Und so wird bei mancher Trauerfeier das Abschiedslied gesungen oder gespielt: Wir ruhen all in Gottes Hand, lebt wohl, auf Wiedersehen!
Heutzutage werden bei der Trauerfeier oft auch weltliche Lieder gespielt. *Who wants to live forever ... I want to go home ... I did it my way ... Über den Wolken ... Stairway to heaven ...* Zu manchen Menschen passt keine Orgel. Und es ist schön, wenn die Lieblingslieder den Verstorbenen auf der letzten Reise begleiten. Wohin geht die Reise? Nach Hause.
Waltraud bat uns, dreißig Tage nach ihrem Tod auf ihrem Grab eine Kerze anzuzünden, damit sie heimfindet. Wir brauchen keine Angst zu haben, dass wir nicht heimfinden. *Und sind wir einmal müde, dann stell ein Licht uns aus. O Gott, in deine Güte, dann finden wir nach Haus.*
Heimleuchten, heimholen, heimfinden. Der Mensch möchte dorthin zurück, wo er hergekommen ist. Deshalb wollen zum Beispiel Afrikaner, die bei uns sterben, in die eigene Heimat zurückkehren und dort beigesetzt werden. Das gilt auch für viele muslimische Gastarbeiter, zumal sie hier keine eigenen Friedhöfe haben. Und so werden die stofflichen Überreste heimgeflogen ... Keine Kosten und Mühen werden für den Heimgang gescheut.
Und meine Seele spannte weit ihre Flügel aus, als flöge sie nach Haus. Dieser Text von Joseph von Eichendorff spricht viele Menschen an.

Schon für die alten Ägypter war Seele wie ein Vogel, der im Tod wegfliegt, die Hülle seines Körpers verlässt und wieder zurückkehrt in das ewige Vaterland unter den Sternen. Die Seele fliegt heim, lebt bei Gott weiter, während der Körper bis zur Auferstehung in der Erde ruht.

Herr, gib ihm die ewige Ruhe ... Viele hoffen, im Tod die ewige Ruhe zu finden. Für sie ist die Vorstellung von einem Weiterleben nach dem Tod schrecklich. Sie möchten endlich ihre Ruhe haben, statt irgendwo wiederaufzuwachen und weiterhin an ihr Ich gebunden zu sein, ohne Ende, in aller Ewigkeit. Das Paradies der Unsterblichkeit wäre für sie die Hölle.

Bringt uns der Tod die ewige Ruhe? Oder lässt uns Gott nicht in Frieden ruhen? Wird er uns gegen unseren Willen am Jüngsten Tag aus dem Todesschlaf erwecken, um uns ewig zu belohnen oder zu bestrafen? Oder verweilt die Seele nach dem Tod noch eine Zeit lang in einem Warteraum, etwa im Fegefeuer, bis sie gereinigt, geläutert ist? Auch die vielen Wiedergeburten im Buddhismus sind ein einziger Reinigungsprozess des Menschen, der darauf abzielt, eines Tages ganz erleuchtet ins Nirwana einzugehen. Auch Nicht-Buddhisten glauben, durch den Tod in das andere, endgültige Leben hineingeboren zu werden. Die Griechen nannten die Verstorbenen die *Weggeborenen.*

Alle Religionen sagen, dass wir nach dem Tod nicht ins Nichts versinken, nicht ins ewige Nichts verlöschen, sondern auf eine höhere Seinsebene gelangen und in eine andere Dimension übergehen.

Und so möchte ich mich getrost darauf verlassen, dass ich durch das Tor des Todes heimgehe. Dann wird meine Heimatlosigkeit endlich ein Ende haben.

Dann werde ich voll und ganz bei mir ankommen, endlich bei mir zuhause sein ... Und ich werde endlich wissen, wer Petrus ist.

Weitere Bücher von Petrus Ceelen

Petrus Ceelen
Du fehlst mir
Gespräche mit Verstorbenen

13,3 x 20,5 cm; 128 Seiten; gebunden
ISBN 978-3-460-**30244**-0

Der Tod eines nahen Menschen unterbindet jede weitere Gesprächsmöglichkeit mit ihm. Oft wird die Trauerarbeit dadurch erschwert, dass Vieles - vor allem auch Gefühle der Wut, Enttäuschung und Scham gegenüber dem Verstorbenen - zu dessen Lebzeiten nicht angesprochen wurden. Umso wichtiger wird hier die Suche nach Wegen, mit dem Verstorbenen in den Dialog zu treten und Emotionen nicht nur zu fühlen, sondern auch an- und auszusprechen.
Die aus der seelsorglichen Praxis entstandenen Dialoge in diesem Buch regen zu einem ehrlichen Umgang mit Trauer und der Suche nach offenen Gesprächen mit Verstorbenen an.

kbw bibelwerk

Verlag Katholisches Bibelwerk
Silberburgstraße 121 · 70176 Stuttgart
Tel. 07 11 / 6 19 20 -37 · Fax 07 11 / 6 19 20 -30
www.bibelwerk.de